AF296208

Mai 1902. N° 6.

LE
MUSÉE SOCIAL

MÉMOIRES & DOCUMENTS

(SUPPLÉMENT AUX ANNALES)

Melle SCHIRMACHER

LE TRAVAIL DES FEMMES
EN FRANCE

PARIS

ARTHUR ROUSSEAU, ÉDITEUR

14, RUE SOUFFLOT ET RUE TOULLIER, 13

—

1902

LE MUSÉE SOCIAL

Le Musée social, publication périodique, se compose de deux parties :

Les *Annales*, paraissant par fascicules mensuels, donnent des informations périodiques documentaires sur le mouvement social en général et sur l'activité du Musée.

Les *Mémoires et documents*, paraissant par fascicules numérotés, sont des monographies scientifiques consacrées aux matières et aux institutions diverses de l'économie sociale.

Le prix de l'abonnement à la publication périodique *Le Musée social* comprenant les deux parties ci-dessus indiquées est de 10 francs pour la France, 12 francs pour l'étranger.

LISTE DES PUBLICATIONS

MÉMOIRES ET DOCUMENTS

FASCICULES PARUS

N° 1. M. Jules Siegfried :
> La situation économique et sociale des États-Unis.

N° 2. M. Willoughby :
> La corporation de l'Acier aux États-Unis.

N° 3. M. Varlez :
> Quelques pages d'histoire syndicale en Belgique.

N° 4. M. Tondeur-Scheffler :
> Les syndicats ouvriers en Allemagne.

N° 5. M. André E. Sayous :
> L'entre-exploitation des classes populaires à Whitechapel.

FASCICULES A PARAITRE

MM. Paul Guio :
> Les retraites ouvrières en Italie.
> Les nouvelles associations de paysans en Italie.

Maurice Wolff :
> L'apprentissage en Allemagne.

Mantoux :
> La crise actuelle du trade-unionisme.

Salaun :
> Les résultats de la loi belge sur les retraites ouvrières.

Le Directeur-Gérant :
LÉOPOLD MABILLEAU

A. Rousseau, Imprimeur-éditeur. — Paris.

LE MUSÉE SOCIAL
MÉMOIRES ET DOCUMENTS

Les études qui composent cette collection sont consacrées aux matières et aux institutions diverses de l'économie sociale. Elles sont rédigées selon la méthode d'observation scientifique. Le *Musée social* n'exige pas de ses collaborateurs le sacrifice de leurs opinions personnelles, en tant qu'elles peuvent se concilier avec l'impartialité de leur enquête, mais il leur en laisse la responsabilité sans engager la sienne, entendant se renfermer dans son rôle strictement documentaire.

Le Musée Social

LE TRAVAIL DES FEMMES EN FRANCE

Le travail des femmes en France étant un sujet de haut intérêt et de toute actualité, j'ai cru utile de réunir les renseignements épars qui existent sur cette question, de les rapprocher
et d'essayer d'obtenir, par ce travail de synthèse et de comparaison, certaines conclusions générales, de nature soit à confirmer, soit à infirmer les opinions courantes sur le travail des
femmes.

Les principales données de ce travail m'ont été fournies par
les résultats du dénombrement général et du recensement professionnel de 1896 (ceux du dénombrement de 1901 n'étant pas
encore publiés en entier).

J'ai cité, en leur lieu et place, les diverses publications des
ministères de l'intérieur et du commerce, de l'instruction publique et de l'agriculture, de l'office du travail, ainsi que les
divers annuaires dont je me suis servie.

Des renseignements m'ont été fournis de vive voix par les
chefs de services de plusieurs ministères et de l'Hôtel de Ville.
Je tiens à les en remercier ici.

Comme, dans un sujet de cette étendue, il est très difficile
d'être complet et de ne point se tromper, nous accepterions avec
reconnaissance qu'on voulût bien nous signaler nos lacunes ou
nos erreurs.

Population totale de la France.
(Annuaire de statistique de la France).

La France, au recensement de 1896, comptait 38.517.375 habitants(1), c'est-à-dire 19.346.360 femmes et 18.922.651 hommes.

---

(1) Le chiffre s'est depuis très peu accru, d'environ 30.000 individus par an.

L'équilibre numérique des sexes étant rompu, le nombre des femmes l'emportait de 424.709.

En comparant la population adulte (1) : 28.329.988 personnes c'est-à-dire 14.382.402 femmes et 13.917.526 hommes, la supériorité numérique des femmes augmente encore et monte à 434.930.

En France, comme dans la plupart des pays civilisés, le mariage n'est donc pas possible pour toutes les femmes

Population active de la France.
(*Bulletin de l'Office du travail*, juin 1900).

Sur une population adulte de 28.329.988 personnes, la statistique officielle constate une population active de 18.467.338 individus, c'est-à-dire 12.061.121 hommes et 6.382.658 femmes.

Ce dernier chiffre ne tient pas compte des femmes dirigeant un ménage.

Les Ministères de l'Intérieur et du Commerce ne devraient-ils pas comprendre, au prochain recensement, dans la population active toutes les ménagères, ainsi que les féministes allemandes l'ont déjà demandé au Bureau Impérial de statistique ?

Les occupations domestiques des femmes constituent, selon nous, un travail professionnel, la profession féminine, par excellence, celle où le nombre des travailleuses est le plus considérable. Elle n'occupe que 7 millions 728.854 femmes mariées !

Le fait que les ménagères n'ont point été comptées dans la population active, repose sur l'idée, contestée aujourd'hui, que l'épouse est, comme on dit, « entretenue » par le mari.

On a fait justement observer, que la valeur de son travail domestique, bien qu'il ne soit l'objet d'aucun salaire, donne à la femme mariée son indépendance, au point de vue économique.

La statistique officielle, en adoptant l'innovation que nous avons indiquée plus haut, donnera satisfaction à des revendications qui ont leur légitimité.

Le total de la population féminine active en France peut donc être évalué à 6 millions 382.658 + 7 millions 728.854 = 14 millions 111.512 femmes.

Le calcul nous paraît d'autant plus fondé que si toutes les femmes, dénombrées comme femmes mariées, doivent rentrer

---

(1) Au-dessus de 15 ans.

dans la population active par leurs occupations domestiques, les 6 millions de femmes, exerçant une profession en dehors de la maison, sont, en outre, en grand nombre des ménagères.

On évalue à 2.685.796 le nombre des femmes se livrant à ce double travail professionnel.

Il résulte de ces faits que la population active féminine de la France est égale, sinon supérieure en nombre, à la population active masculine.

Emploi des femmes dans les diverses professions.
(*Bulletin de l'Office du travail*, juin 1900).

Au point de vue des professions, la population féminine active se répartit de la façon suivante :

			Chiffre des hommes pas établi
Ménagères	7.728.854		
Forêts et agriculture	2.754.593	Hommes	5.674.713
Industrie	1.888.947	»	3.488.077
Service domestique	737.941	»	217.197
Commerce	571.079	»	1.030.977
Manutention et transports	160.760	»	551.731
Professions libérales	138.460	»	199.546
Religieuses	120.000		
Service de l'Etat et des communes	104.648	»	584.134
Spectacles et agences	12.645	»	57.615
Soins personnels	6.418	»	52.098
Pêche	5.236	»	66.388
Mines et carrières	4.759	»	222.040

Ces chiffres comprennent : les propriétaires, patronnes, employées et ouvrières, engagées dans les diverses professions.

Dans aucune, le travail des femmes ne fait complètement défaut.

Dans presque toutes, le nombre des femmes est inférieur à celui des hommes.

Mais il est supérieur dans le service domestique. Et ce sont aussi les femmes qui constituent la presque totalité des ménagères. Le nombre des hommes remplissant ce rôle, est naturellement peu considérable. Ils ne l'assument que dans des situations anormales, causées, par exemple, par la maladie de la femme, dans les classes ouvrières.

Examen détaillé des diverses professions de Femmes.

1° *Le travail de l'épouse et de la mère.*

Ce travail que nous considérerons comme une véritable profession est, nous venons de le voir, celui qui occupe le plus de femmes. Il est le seul qui leur soit abandonné sans conteste, et la profession de femme mariée est jusqu'ici celle qui a eu le plus de vogue.

Comme presque toutes les professions féminines, elle s'exerce, généralement, sans préparation sérieuse, pour ainsi dire, au petit bonheur.

Elle est, trop souvent rémunérée en raison inverse de la force déployée et de la peine supportée. Les ménagères riches disposent d'aides, vivent dans l'opulence, jouissent de la considération sociale. Les petites ménagères doivent suffire seules à tout, « trimer dur » et parfois se contenter de leur propre considération.

La profession est entourée de peu de garanties légales : dans tous les pays, la femme, en se mariant, devient une mineure devant la loi ; en général elle ne dispose librement ni de sa personne, ni de ses biens ; elle n'a aucun droit ses enfants.

Ces désavantages n'ont pas éloigné la femme du mariage, vers lequel son inclination naturelle et la nécessité sociale la portaient également.

2° *Forêts et Agriculture.*

Population active.	8.430.059
Femmes.	2.754.593
Hommes	5.674.713

Sur ce nombre on compte :

Femmes chefs	1.250.738	Hommes	1.822.000
Employées et ouvrières. .	1.073.650	«	2.185.975
Disséminées.	412.824	«	1.604.014

(Les statistiques comprennent sous le nom de *disséminés* les petits patrons, les ouvriers travaillant isolément, les personnes sans place fixe et unique.)

Nous ajoutons tout de suite que lorsque les chiffres additionnels que nous citons, semblent ne pas cadrer avec les totaux, cela vient de ce que, désirant donner le plus de netteté possible à ce travail, nous avons laissé de côté les chiffres, indiquant les personnes de situation inconnue dans la profession, et les personnes sans travail, comptées à part dans le recensement de 1896).

Les 1.250.738 femmes agriculteurs chefs, sont-elles aussi des propriétaires? C'est ce que nous n'avons pu établir, l'*Enquête décennale de statistique agricole* (de 1892) comptant, en bloc, 3 millions 387.245 propriétaires, sans distinction de sexe.

Le rôle des femmes cultivateurs dans les syndicats agricoles est encore très restreint:

3.720 sur 512.794 membres (Voir l'*Annuaire des syndicats professionnels*, 1900).

Sur 87 départements, 64 seulement comptent des femmes dans les syndicats agricoles.

Nous avons dressé, d'après l'importance numérique de leurs effectifs féminins, la liste de ces 64 départements:

Aveyron	1.007	Charente	35
Saône-et-Loire	341	Meurthe-et-Moselle	35
Marne	201	Seine-et-Marne	34
Alpes Maritimes	134	Savoie	33
Eure	133	Maine-et-Loire	30
Aisne	122	Loire	29
Hte-Marne	108	Lozère	25
Rhône	105	Pas-de-Calais	20
Pyrénées-Orientales	100	Vaucluse	20
Vendée	93	Saône	19
Vosges	90	Finistère	18
Morbihan	81	Gironde	14
Jura	78	Loir-et-Cher	14
Aube	68	Dordogne	12
Meuse	57	Gard	12
Bouches-du-Rhône	57	Deux-Sèvres	12
Sarthe	49	Loiret	12
Yonne	47	Seine-et-Oise	11
Gers	45	Var	11
Ain	42	Hte-Loire	10
Ardèche	41	Tarn	10
Orne	40	Basses-Pyrénées	10
Seine-Inférieure	40	Cher	7
Côte-d'Or	37	Hérault	7
Mayenne	37	Nord	7

Creuse.	6	Doubs		3
Tarn-et-Garonne	5	Pyrénées-Orientales.		3
Ardennes.	4	Corrèze.		2
Manche.	4	Lot		2
Seine.	4	Haute-Vienne.		2
Ille-et-Vilaine.	3	Garonne		1

3.720 syndiquées sur 1 million 250.738 femmes-chefs, est certainement un chiffre des plus modestes. Il prouve à quel point la femme agriculteur est restée fidèle à l'éloignement traditionnel de son sexe de la vie publique.

L'enquête décennale de 1892 établit pour chaque département 2 séries de salaires agricoles : le salaire des journaliers (ouvriers nourris et ouvriers non nourris) et celui des ouvriers maraîchers (non nourris). Elle les fixe pour l'été et pour l'hiver.

Afin de ne pas accabler le lecteur sous des chiffres et de lui permettre une vue d'ensemble, nous avons, pour chaque département, fait la moyenne de ces divers salaires.

Moyenne des salaires agricoles de femmes par jour :

		Hommes			Hommes
Seine.	2.01	3.13	Ille-Loire	»	2.31
Seine-et-Oise	1.81	2.91	Eure-et-Loir.	»	2.35
Marne.	1.79	2.71	Ardèche.	1.50	1.72
Seine-et-Marne.	1.74	2.93	Maine-et-Loire.	»	2.41
Yonne.	1.68	2.72	Hte-Savoie.	1.49	2.61
Rhône.	1.65	2.57	Loire	1.48	2.37
Haut-Rhin.	»	2.72	Jura.	»	2.46
Ain	»	»	Hte-Saône	1.45	2.44
Loiret.	1.64	2.71	Lot-et-Garonne.	»	2.06
Ardennes	»	2.79	Isère	»	2.34
Meuse.	»	2.31	Calvados.	1.44	2.25
Aube	1.62	2.88	Htes-Alpes.	»	2.16
Meurthe-et-Moselle	1.61	2.45	Vosges.	1.41	2.17
Oise.	1.60	2.45	Hérault	1.39	2.32
Nord	1.57	1.95	Tarn	»	1.90
Doubs.	1.56	2.05	Seine-Inf.	1.37	2.37
Saône-et-Loire.	1.54	2.35	Basses-Alpes.	1.34	2.18
			Sarthe.	»	2.12

		Hommes			Hommes
Alpes-Marit. . .	1.34	1.84	Orne	1.20	1.96
Nièvre.	1.33	2.06	Ille-et-Vilaine .	1.19	1.74
Puy-de-Dôme .	1.32	2.37	Tarn-et-Garonne	1.18	1.95
Bouches - du - Rhône	»	2.54	Ariège.	1.18	1.75
			Mayenne. . . .	1.17	1.85
Gard	1.31	2.29	Htes-Pyrénées .	1.14	1.90
Vienne	»	2.04	Deux-Sèvres . .	»	2.39
Marne	»	2.33	Pas-de-Calais .	1.13	1.78
Lot	1.30	1.85	Manche	1.12	1.87
Charente. . . .	»	2.14	Aveyron. . . .	»	2.24
Vaucluse . . .	»	2.28	Vendée	1.11	2.03
Cher.	1.29	2.28	Gironde	1.09	2.19
Drôme.	»	2.06	Var	1.08	2.05
Charente-Inf. .	1.28	2.02	Corse	1.07	1.85
Gers.	1.27	1.98	Eure	1.06	2.50
Aude	1.26	2.02	Loir-et-Cher . .	1.05	2.23
Allier	»	2.28	Somme	»	1.94
Indre	»	2.34	Corrèze	»	2.03
Creuse. . . .	1.24	2.15	Savoie.	1.04	1.76
Pyrénées-Orientales. . . .	1.24	2.18	Dordogne . . .	1.02	1.80
			Loire-Inf. . . .	»	2.02
Lozère.	1.23	2.	Basses-Pyrénées.	»	1.88
Indre-et-Loire .	1.22	2.40	Côtes-du-Nord .	0.93	1.65
Hte-Vienne . .	»	1.96	Landes	0.92	1.40
Côte-d'Or . . .	»	2.28	Finistère. . . .	0.91	1.39
Hte-Garonne. .	1.21	2.06	Morbihan . . .	0.90	1.34

Le salaire agricole le plus élevé est payé aux femmes dans le département de la Seine, 2 fr. 01 par jour, le moins élevé dans le Morbihan 0 fr. 90 par jour. La différence entre le maximum et le minimum est de 1 fr. 11.

Les salaires des hommes sont toujours supérieurs à ceux des femmes, l'écart est, en moyenne, d'un franc. Le salaire des femmes représente, en général, un peu plus de la moitié et, un peu moins des 2/3 du salaire de l'homme.

En conclure que, dans le domaine agricole, le travail des femmes est toujours, par sa quantité ou sa qualité, inférieur à celui de l'homme, serait toutefois commettre une grande erreur contre laquelle, dès maintenant, nous mettons nos lecteurs en garde.

Nous comparerons dans la suite les salaires agricoles et les salaires industriels des femmes, ce qui nous permettra d'examiner plus en détail les causes très complexes de leur infériorité.

Dans certaines parties de la France, notamment en Bretagne, l'agriculture se trouve entièrement entre des mains féminines, la population masculine se livrant à la grande pêche dans les mers du Nord. Dans ces contrées, personne ne trouve que le labeur des champs, même le plus dur, soit au-dessus des forces des femmes.

Nous empruntons à une étude de Mme M. Lajoie quelques détails sur l'instruction agricole des femmes en France.

Très développée pour les hommes, l'instruction agricole des femmes y est restée fort en arrière.

L'Etat a fondé pour elles deux écoles-modèles de laiterie, l'une à Coëtlogon (Ille-et-Vilaine), l'autre à Herviler (Finistère). Ces écoles sont dirigées par des femmes, on y reçoit les boursières de l'Etat et des filles de fermiers.

Une école privée pratique d'agriculture a été établie à Houilles (Seine-et-Oise) par Mlle E. Fresnois.

Une école de culture maraîchère et d'élevage existe, à l'état de projet. Elle émanerait de l'initiative privée.

Le projet de loi relatif aux Chambres d'agriculture accorde le droit de vote :

1° Aux exploitants agricoles, qu'il soient propriétaires ou non de leurs fonds.

2° Aux ouvriers agricoles, ayant 3 ans de résidence dans la même exploitation.

3° Aux propriétaires fonciers non exploitants, propriétaires depuis 3 ans au moins dans l'arrondissement.

Quant aux femmes, il n'y a que celles de la première catégorie auxquelles on a accordé l'électorat tout en leur refusant l'éligibilité.

Les ouvrières agricoles seront donc privées du droit de vote, accordé aux ouvriers.

3° Pêche.

Nous faisons suivre ici les quelques chiffres relatifs aux femmes, occupées par la pêche (pêche proprement dite, ostréiculture, préparation des conserves et emballage du poisson frais).

Population active. 71.026
  Femmes 5.236
  Hommes 66.388

On compte : Femmes chefs. . . . . 2.302 Hommes 11.149
   Employées et ouvrières. 1.934 » 22.084
   Disséminées. . . . . . 649 » 28.516

C'est un rude métier (voir l'article de *la Fronde* : Les sardi nières de St-Guénolé, 15 octobre 1901).

Les femmes, en temps de presse, travaillent 20 heures d'affilée et gagnent 4 francs. Mais la morte saison réduit fortement ce salaire.

Il ne paraît pas exister de syndicat des membres de cette profession.

4° Industrie (1).

Population active. 5.605.815
  Femmes. 1.893.706
  Hommes 3.710.117

Le nombre des femmes, occupées dans l'industrie, est inférieur à celui des femmes agriculteurs.

Nous insistons sur ce point parce que l'intérêt si vif dont l'ouvrier des villes est devenu l'objet, tend à répandre l'idée que les effectifs industriels de femmes sont aussi les effectifs féminins professionnels les plus considérables.

Le chiffre de 1.893.706, comprenant les femmes chefs, employées et ouvrières, engagées dans l'industrie, se répartit entre les professions suivantes :

	Femmes	Hommes
Vêtement.	1.135.553	168.096
Industrie textile.	463.217	438.082
Alimentation	81.460	363.113
Cuirs et peaux.	46.453	288.240
Bois	37.273	640.320
Fer, acier.	31.774	575.921
Papier, carton, caoutchouc	24.287	34.045
Terres et pierres à feu (tuiles, céramiques	15.898	129.842

---

(1) Nous avons joint les industries extractives (mines, carrières) aux industries de transformation.

Polygraphie, livre.	15.749	60.786
Plumes et crins	12.260	21.948
Industries chimiques	9.143	74.918
Métaux fins	8.198	18.317
Mines	3.446	150.180
Terrassements	2.518	550.000
Taille et polissage des pierres . . .	1.773	53.721
Pierres précieuses.	1.717	2.607
Carrières	1.313	59.558
Métallurgie.	794	55.116

(Off. du Trav., Bulletin, juin 1900).

Le travail de la femme ne fait entièrement défaut dans aucune des branches, même les plus pénibles, de l'activité industrielle.

Mais dans aucune non plus, sauf la confection et l'industrie textile, le nombre des femmes ne dépasse celui des hommes.

Le nombre de 1.893.706 femmes, occupées par les diverses industries, comprend :

Femmes chefs	193.905	Hommes	499.746
Employées et ouvrières. .	829.057	»	2.315.562
Disséminées	782.021	»	732.468

Le nombre des femmes, chefs d'entreprises industrielles, est inférieur à celui des femmes, chefs d'exploitations agricoles (1.250.738). Elles se répartissent entre les industries suivantes :

(Bulletin de l'Office du travail, année 1900.)

Vêtement	117.115	Métaux fins.	439
Alimentation. . . .	37.039	Industrie chimique .	431
Industrie textile . .	19.650	Pierres précieuses .	365
Bois.	5.595	Carrières.	304
Cuirs et peaux . . .	4.074	Taille et polissage	
Fer, acier	3.644	des pierres. . . .	217
Crins, plumes . . .	1.908	Mines	6
Pierres et terres à		Métallurgie	1
feu	1.078	(Nous faisons observer que
Terrassements . . .	796	toutes ces femmes payent pa-
Polygraphie, livre .	737	tente ; mais elles n'exercent
Papier,carton,caout-		point l'électorat municipal et
chouc	478	politique.)

La femme, patronne industrielle, est donc dès aujourd'hui un facteur important de la vie économique et sociale en France.

Le mouvement syndical n'a cependant pris qu'un faible développement parmi les patronnes industrielles. Elles sont 1.960 sur 158.300 membres de syndicats industriels patronaux. (Moins même que dans les syndicats agricoles où leur nombre atteint 3.720.)

Nous trouvons des patronnes syndiquées dans les départements suivants :

Seine	1.192	Basses-Pyrénées	7
Haute-Vienne	504	Haute-Garonne	6
Rhône	258	Saône-et-Loire	6
Bouches-du-Rhône	245	Sarthe	6
Gironde	195	Aisne	4
Vaucluse	91	Ardèche	4
Somme	52	Cantal	4
Alpes-Maritimes	49	Loire	4
Jura	44	Puy-de-Dôme	3
Seine-Inférieure	34	Savoie	3
Loire	32	Ain	2
Hérault	27	Allier	2
Pyrénées-Orientales	25	Aube	2
Pas-de-Calais	15	Loir-et-Cher	2
Var	14	Cher	2
Seine-et-Marne	11	Maine-et-Loire	2
Côte-d'Or	10	Oise	2
Marne	10	Tarn	2
Calvados	9	Vienne	2
Vendée	9	Haute-Savoie	2
Haute-Loire	8	Eure	1
Eure-et-Loir	7		
Indre	7		
Nord	7		

(Liste établie d'après l'*Annuaire des syndicats professionnels*, 1900.)

Nous avons relevé, dans l'*Annuaire des syndicats*, des patronnes syndiquées dans les industries suivantes :

Hôtels, restaurants, cafés, vins, etc.	946	Meunerie	88
Boulangerie	213	Mariniers	69
Travail du bois	206	Fleuristes	55
		Culture maraîchère	45

Boucherie 42
Confection. 33
Charcuterie 19
Brasserie. 7
Charbons 6
Fabrication de jouets. . 5
Fabrication d'instru^{ments} médicaux. 5
Industrie textile 4
Laiterie 4
Céramique. 4
Bâtiment. 4
Maçonnerie. 4
Bijouterie 4
Vannerie. 3
Construction des machines 3
Brosserie. 2
Grillage 2
Carrosserie. 2
Marbrerie 2
Plâtrerie. 2
Tapisserie 2
Bronze d'imitation . . . 1
Dorure. 1
Gaz 1
Poterie 1
Ravalements. 1
Teinturerie. 1
Peinture de bâtiments . 1

(Cette liste prouve que la femme, comme patronne industrielle, ne recule devant rien : elle se fait au besoin marchande de charbons, voire entrepreneur de maçonnerie, de ravalements.)

Nous parlerons plus loin des petites patronnes disséminées et des syndicats mixtes de femmes (Patronnes-Ouvrières).

Les 829.057 employées et ouvrières industrielles forment le contingent industriel féminin proprement dit, celui dont le sort préoccupe, en première ligne, les législateurs et les réformateurs sociaux. Le contingent est inférieur au contingent ouvrier agricole (1.073.650).

Les effectifs d'ouvrières se répartissent de la façon suivante :

Vêtement 321.229
Industrie textile . . 306.705
Alimentation. . . . 42.956
Cuirs et peau. . . . 30.862
Fer, acier 23.102
Bois. 22.976
Papier, carton . . . 22.077
Pierres et terres à feu 14.148
Polygraphie 13.640
Industries chimiques 8.563
Plumes et crins . . 7.136
Métaux fins 6.244
Mines 3.429
Terrassement . . . 1.542
Taille et polissage des pierres. . . . 1.349
Carrières. 998
Métallurgie. 792
Pierres précieuses . 654

(*Off. trav. Bull.* juin 1900.)

La confection et l'industrie textile sont les industries féminines, par excellence.

Mais il n'y a pas d'industrie, quelque pénible soit-elle — nous citons la ferronnerie, la métallurgie, les terrassements, la taille et le polissage des pierres, l'exploitation des carrières et des mines — qui n'ait recours à la main-d'œuvre féminine.

Nous ajoutons tout de suite la liste des petites patronnes et des ouvrières isolées, dans les diverses industries :

Vêtement	629.851	Pierres précieuses. .	671
Industrie textile . .	124.544	Polygraphie	600
Cuirs et peaux . . .	9.750	Aliments.	582
Bois.	7.433	Métaux fins.	567
Fer, acier	3.782	Pierres et terres à feu.	370
Plumes, crins . . .	2.812	Polissage des pierres.	144
Papier, carton, caoutchouc	726	Terrassements . . .	144
		Industries chimiques	63

(Off. Trav., Bull., juin 1900).

Nous relevons le fait que le nombre des petites patronnes et des ouvrières isolées (celles surtout qui travaillent à domicile) est le plus fort dans l'industrie du vêtement et dans l'industrie textile, ce qui exerce une influence déplorable sur les salaires de ces industries.

Abordons la question des salaires industriels de femmes.

Nous les établirons d'abord par professions (d'après l'*Office du Travail : Enquête sur les salaires et la durée du travail dans l'industrie française*, t. I et IV).

	par jour		Effectif d'ouvrières
	Province	Paris	
Pierres précieuses . .	5 fr. 15	9 fr. 25	1.717 f.
Polygraphie.	2 » 15	3 » 40	15.749 »
Cuirs et peaux. . . .	2 » 10	3 » 15	46.453 »
Industrie textile . . .	2 » 10	2 » 70	463.217 »
Taille et polissage des pierres	2 » 10		1.493 »
Alimentation	2	2 » 90	81.460 »
Ferronnerie.	1 » 95		23.102 »
Métaux communs . .	1 » 95	2 » 60	
Pierres et terres à feu.	1 » 90	2 » 80	15.898 »
Vêtement	1 » 90	3 »	1.135.553 »
Bois.	1 » 90	2 » 50	37.273 »
Industries chimiques.	1 » 85	2 » 70	9.143 »
Métaux fins	1 » 75	3 » 30	8.198 »

	par jour		
	Province	Paris	Effectif d'ouvrières
Papier, carton, caoutchouc.	1 fr. 70	2 fr. 90	24.287 f.
Mines.	1 » 65		3.429 »
Ebénisterie	1 » 55	3 » 40	—
Métallurgie	1 » 55	—	799 »
Construction.	1 » 15	—	1.542 »
Carrières	1 »	—	998 »

Le tableau est navrant : les effectifs féminins industriels les plus considérables (industrie textile et vêtement) sont réduits à une paye de 2 fr. 10, 1 fr. 90 par jour.

La moyenne des salaires dans toute la France, sauf Paris, est de 2 francs par jour, à peine.

En établissant les salaires industriels des femmes par départements, l'Office du Travail arrive à des résultats un peu différents et plus favorables, les « bonnes » industries relevant les « mauvaises ».

Mais ce tableau plus optimiste est aussi moins conforme à la réalité.

Nous avons résumé les tableaux très détaillés de l'enquête de l'Office du Travail, en établissant 4 catégories de salaires de femmes dans l'industrie française.

Salaires de 1re classe : 3 fr. 20 = 2 fr. 50 par jour (hommes, 7 fr. 50 = 2 fr. 50).

Payés dans 14 départements, énumérés d'après l'ordre décroissant des salaires :

Haute-Loire, Seine, Loiret, Aube, Rhône, Eure, Maine-et-Loire, Seine-Inférieure, Marne, Seine-et-Marne, Ain, Aisne, Calvados, Eure-et-Loir.

Salaires de 2e classe : 2 fr. 45 = 2 francs par jour (hommes, 4 fr. 85 = 2 fr. 25).

Payés dans 22 départements, énumérés d'après l'ordre décroissant des salaires :

Somme, Jura, Doubs, Loire, Cher, Isère, Nord, Ardennes, Gironde, Yonne, Aveyron, Meurthe-et-Moselle, Vosges, Bouches-du-Rhône, Hte-Savoie, Seine-et-Oise, Allier, Puy-de-Dôme, Indre, Loir-et-Cher, Pas-de-Calais, Hte-Vienne.

Salaires de 3e classe : 1 fr. 95 = 1 fr. 50 par jour (hommes, 4 fr. 55 = 2 fr.).

Payés dans 28 départements, énumérés d'après l'ordre décroissant des salaires :

Côte-d'Or, Saône, Oise, Marne, Tarn-et-Garonne, Pyrénées-Orientales, Aude, Mayenne, Orne, Charente, Drôme, Hte-Garonne, Alpes-Maritimes, Ardèche, Saône-et-Loire, Loire-Inférieure, Creuse, Manche, Deux-Sèvres, Hérault, Corrèze, Charente-Inférieure, Gard, Sarthe, Hautes-Alpes, Cantal, Nièvre.

Salaires de 4ᵉ classe : 1 fr. 45 = 1 franc par jour (hommes, 4 fr. 15 = 1 fr. 85).

Payés dans 21 départements, énumérés d'après l'ordre décroissant des salaires :

Morbihan, Savoie, Tarn, Vienne, Basses-Alpes, Ille-et-Vilaine, Basses-Pyrénées, Var, Vendée, Ariège, Lot-et-Garonne, Corse, Côtes-du-Nord, Finistère, Dordogne, Lot, Gers, Hautes-Pyrénées, Vaucluse, Landes, Lozère.

D'après ce tableau, le salaire industriel maximum de la femme est de 3 fr. 20 par jour, le salaire minimum de 1 franc.

Le salaire industriel maximum de la femme n'atteint pas la moitié du salaire maximum de l'homme (3 fr. 20 : 7 fr. 50) tandis que dans l'agriculture il peut s'élever jusqu'aux 2/3 presque du salaire masculin.

Les salaires de 2 fr. 50 et de 2 francs qui sont de « beaux » salaires industriels de femmes, des salaires de professionnelles, représentent des salaires de manœuvre pour l'homme.

Le salaire minimum de l'ouvrier (1 fr. 85) est un salaire de 3ᵉ classe pour l'ouvrière.

Un rapprochement, par département, entre les salaires industriels et les salaires agricoles des femmes doit compléter notre examen :

Salaires industriels de 1ʳᵉ cl. 3.20-2.50. 14 départements.	Salaires agricoles de 1ʳᵉ cl. —
Salaires industriels de 2ᵉ cl. 2.45-2.00. 22 départements.	Salaires agricoles de 2ᵉ cl. Seine. 2.01.
Salaires industriels de 3ᵉ cl. 1.95-1.50. 28 départements.	Salaires agricoles de 3ᵉ cl. 1.81-1.50. 20 départements.
Salaires industriels de 4ᵉ cl. 1.45-1.00. 21 départements.	Salaires agricoles de 4ᵉ cl. 1.49-1.00. 60 départements.
	Salaires agricoles de 5ᵉ cl. 0.93-0.90. 4 départements.

Les salaires agricoles des femmes montent moins haut et tombent plus bas que la moyenne des salaires industriels des femmes.

La majorité (dans 60 départements) se maintient à la hauteur de la 3ᵉ classe des salaires industriels.

Complétons cet examen par le rapprochement des salaires industriels des femmes dans les diverses industries.

Salaires industriels de 1ʳᵉ cl.	Salaires agricoles de 1ʳᵉ cl.
5.15. 1 industrie.	——
Salaires industriels de 2ᵉ cl.	Salaires agricoles de 2ᵉ cl.
2.15-2.00. 5 industries.	2.01. 1 département.
Salaires industriels de 3ᵉ cl.	Salaires agricoles de 3ᵉ cl.
1.95-1.50. 11 industries.	1.81-1.50. 20 départements.
Salaires industriels de 4ᵉ cl.	Salaires agricoles de 4ᵉ cl.
1.45-1.00. 1 industrie.	1.49-1.00. 60 départements.
	Salaires agricoles de 5ᵉ cl.
	0.93-0.90. 4 départements.

Le résultat est sensiblement le même : les salaires agricoles se maintiennent, dans leur majorité, à la hauteur de la 3ᵉ classe industrielle.

Si les gains élevés (élevés pour des femmes, bien entendu), sont plus rares dans l'agriculture, n'en concluons pas que la misère économique y soit plus grande. Elle l'est d'autant moins que le même salaire à la campagne où le coût de la vie est moindre, représente une force d'achat plus considérable qu'en ville (1).

A ce point de vue, nous avons pu, par la comparaison des 2 tableaux précités du tome IV de l'*Enquête sur les salaires et la durée du travail dans l'industrie française*, établir le rapprochement suivant :

Salaires industriels de femmes par départements	Coût de vie	
Salaires de 1ʳᵉ classe : 3 fr. 20 = 2 fr. 50. 14 départ. 3 fr. = 2 fr. 55		Toutes ces ouvrières peuvent, et, en partie, largement subsister.
Salaires de 2ᵉ classe : 2 fr. 45 = 2 fr. 22 départ. 3 fr. = 2 fr. 05		L'équilibre budgétaire est difficilement établi, et souvent irréalisable.
Salaires de 3ᵉ classe : 1 fr. 95 = 1 fr. 50. 27 départ. 2 fr. 50 = 1 fr. 55		La majorité des ouvrières n'arrive pas à l'équilibre budgétaire.
Salaires de 4ᵉ classe : 1 fr. 45 = 1 fr. 21 départ. 2 fr. 25 = 1 fr. 55		L'écart entre les recettes et les dépenses augmente encore.

____

(1) Nous regrettons que l'*Enquête agricole* de 1892 n'indique pas le coût de vie

En établissant le tableau des salaires par professions, nous constatons la situation suivante :

Salaires industriels de femmes par professions	Coût de vie	
Salaires de 1re classe :		
5 fr. 15, 1 indust. 3 fr. = 2 fr. 25		Bénéfice.
Salaires de 2e classe :		
2 fr. 45 = 2 fr. 5 indust. 3 fr. = 2 fr. 05		Équilibre partiel.
Salaires de 3e classe :		
1 fr. 95 = 1 fr. 50. 11 indust. 2 fr. 50 = 1 fr. 55		Le déficit domine.
Salaires de 4e classe :		
1 fr. 45 = 1 fr. 1 indust. 2 fr. 25 = 1 fr. 55		Le déficit est absolu.

La vue des deux tableaux serre le cœur : La moyenne de la durée du travail dans l'industrie française est de 9 h. 1/2 à 11 heures.

Voilà 829.057 ouvrières industrielles qui, journellement, font cette dépense considérable de force (sans compter l'effort qu'il faut pour se rendre à l'usine et pour en revenir). Et la plupart de ces femmes, les ouvrières de 70 départements sur 87, les ouvrières de 17 industries sur 18, n'arrivent que difficilement ou pas du tout à équilibrer leur budget.

C'est là une énormité économique et un danger social.

Une énormité économique, parce que le travail de la femme vaut davantage.

Dans les industries féminines et dans celles où la femme peut lutter avec l'homme, le travail des femmes est généralement, par sa quantité et par sa qualité, soit égal, soit même supérieur à celui de l'ouvrier.

Lorsqu'il arrive que le rendement du labeur féminin est inférieur comme quantité, l'emploi des femmes est souvent, quand même, jugé préférable, parce que l'ouvrière apporte des qualités morales: douceur, patience, politesse, docilité, sobriété, capables de compenser, et au delà, un rendement inférieur.

La femme, dans les industries qui ne dépassent pas ses forces physiques, vaut l'homme.

On peut se demander pourquoi, en pareil cas, elle est toujours moins payée et même si mal qu'il lui est impossible, le plus souvent, de joindre les deux bouts.

---

dans les différents départements, ce qui nous a empêché d'établir, pour l'agriculture, un tableau analogue au tableau ci-dessus, relatif à l'industrie.

L'enquête de l'Office du travail, citée plus haut, établit un coût de vie uniforme pour les deux sexes.

On dira que, physiologiquement, les femmes ont un moins grand besoin de nourriture, et que les ouvrières ne fument, ni ne boivent, comme les ouvriers.

Soit, mais la dépense correspondante ne peut être évaluée qu'à 1/5 du salaire de l'homme (1). Or, l'écart entre les salaires industriels d'ouvriers et d'ouvrières est *d'un tiers, de la moitié, voire des deux tiers*. Cet écart ne peut s'expliquer que par des raisons étrangères à la production proprement dite, c'est-à-dire par l'infériorité au point de vue du droit civil et l'incapacité politique de la femme.

Il y a là un grand danger pour elle et pour l'humanité.

L'ouvrière qui ne peut vivre de son travail professionnel, est, pour emprunter le terme d'une enquête, faite à ce sujet, obligée « d'avoir recours à quelqu'un qui l'aide ».

Dans la majorité des cas, ce quelqu'un est un homme.

Mettons que ce soit un mari. Alors, l'ouvrière qui fournit à la fabrique 9 à 11 heures de travail, en fournira encore 4, 5 et 6 à la maison. Il faut qu'elle remplisse, ne fût-ce que sommairement, ses devoirs de ménagère et souvent de mère. Or, elle ne peut suffire aux exigences accumulées de ces deux professions, sans gravement se surmener, ce qui menace sa santé et l'avenir de la race.

Quand d'autre part, le « quelqu'un » venant pécuniairement en aide à l'ouvrière besoigneuse, n'est pas le mari, l'existence de celle-ci est encore plus pénible et plus précaire.

Quelle moralité peut-on attendre d'elle en pareil cas ?

Et voilà encore des existences ruinées et l'avenir de la race compromis de nouveau.

La situation actuelle de l'ouvrière a paru si dangereuse aux gouvernants des grands pays industriels, qu'en France et ailleurs, ils ont créé une législation protectrice particulière pour les femmes employées dans l'industrie : journée maxima (11 heures en France), défense du travail de nuit, repos obligatoire avant et après les couches.

Cette législation fonctionne, en France depuis 1892, et elle a pour objet d'empêcher le trop grand surmenage des ouvrières.

____

(1) C'est Mme Sidney Webb qui indique ce chiffre.

Elle a rencontré de l'opposition parmi certains groupes de femmes, appartenant à la bourgeoisie française. En partie, elles sont socialistes.

Ainsi le *Congrès des Œuvres et institutions féminines* et le *Congrès du droit des femmes* (juin, septembre 1900) ont tous les deux repoussé toute législation spéciale en matière de travail, pour les ouvrières. Se plaçant au point de vue de « l'égalité des sexes », les deux congrès ont réclamé l'application aux deux sexes de la même législation.

Ils ont recommandé aux ouvrières l'organisation syndicale comme moyen d'améliorer leur sort.

Nous sommes certainement d'avis qu'il faut préconiser et favoriser l'organisation syndicale par tous les moyens Elle ne saurait cependant, nous paraît-il, rendre superflue la législation protectrice spéciale. Nous pensons que le lecteur en jugera comme nous, après avoir pris connaissance de l'examen que nous avons fait du nombre, du caractère et du rôle des ouvrières dans les syndicats professionnels.

D'après les données de l'*Annuaire des syndicats professionnels* (1900), le nombre des ouvrières industrielles syndiquées est de
27.044

Sur 492.647 syndiqués des deux sexes en France.

Sur 829.057 ouvrières industrielles.

Les ouvrières, qui constituent environ 1/3 de l'effectif industriel total, ne représentent que la 19e partie des ouvriers syndiqués.

Sur 36 ouvrières, on compte une syndiquée (tandis qu'on compte un ouvrier syndiqué sur 5).

Nous avons établi, par professions, la liste des femmes syndiquées.

Ouvrières industrielles syndiquées par professions (1).

Tabacs	11.230	Mines.	884
Industrie textile.	5.792	Cordonnerie.	680
	(sur 463.217)	Faïence.	560
Allumettes	1.898	Plumes.	353
Vêtement.	1.002	Teinturerie	348
	(sur 951.080)	Porcelainerie	312

(1) Tantôt les ouvrières font partie des syndicats des hommes, tantôt elles ont fondé des syndicats à part.

Blanchisserie	253	Pipes	40
Ganterie	232	Alimentation	37
Sparterie	230	Chapellerie	37
Typographie	210	Broderie	36
Vannerie	140	Apprêts	30
Passementerie	123	Couronnes	30
Papeterie	123	Corsets	30
Artillerie	120	Manches de parapluies	30
Limes	113	Tannerie	27
Marbrerie	105	Crins	20
Diamanterie	92	Dentelles	20
Peignes, brosserie	92	Reliure	19
Métallurgie	90	Sellerie	14
Tuilerie	80	Galoches	11
Batteuses d'or	75	Sacs de voyage	10
Caoutchouc	69	Poudres	8
Repasseuses	64	Piqueuses	6
Bijouterie	62	Nacre	4
Ameublement	43	Boulonnières	3
Cartonnages	40		

Les ouvrières, dont l'organisation syndicale est la plus avancée, sont les cigarières et les allumettières. Le nombre de celles qui sont restées en dehors des syndicats, doit être minime.

Par contre, les ouvrières syndiquées de l'industrie textile et de la confection, malgré les chiffres en apparence très élevés des adhérentes (5.792 et 1.002), ne représentent qu'un nombre infime de l'effectif féminin total, occupé par ces deux industries (463.217-1.135.533).

La même observation s'applique à toutes les autres professions. Il y a des industries entières complètement dépourvues de syndicats féminins.

Le tableau suivant que nous avons dressé par départements, fait pendant au tableau précédent des femmes syndiquées, dressé par professions.

Ouvrières syndiquées par département (1).

Seine : 5.294.— Allumettes, blanchisserie, cartonnages, plumes, tabacs, teinturerie, typographie, vêtement.

---

(1) Les industries sont groupées d'après le nombre décroissant des ouvrières syndiquées.

Bouches-du-Rhône : 1.765. — Allumettes, sparterie, tabacs.

Saône-et-Loire : 1.621. — Mines, poterie, industrie textile, tuiles.

Isère : 1.395. — Alimentation, cordonnerie, ganterie, industrie textile.

Nord : 1.359. — Poterie, tabacs, industrie textile.

Indre : 1.197. — Tabacs.

Seine-Inférieure, 1.059. — Tabacs, industrie textile.

Hte-Garonne : 1.052. — Cordonnerie, tabacs, vêtement.

Loire : 901. — Boulons, limes, industrie textile.

Rhône : 888. — Apprêts, broderie, cartonnages, passementerie, vêtement.

Finistère : 800. — Tabacs.

Loire-Inférieure : 705. — Brosserie, tabacs, vêtement.

Gironde : 692. — Alimentation, balayage, tabacs, équipement militaire.

Maine-et-Loire : 643. — Allumettes, bijouterie, industrie textile, vêtement.

Puy-de-Dôme : 549. — Caoutchouc, tabacs, vêtement.

Ain : 474. — Peignes, industrie textile.

Ille-et-Vilaine : 454. — Cordonnerie, mines, vêtement.

Meurthe-et-Moselle : 439. — Cordonnerie, tabacs.

Pas-de-Calais : 429. — Poudre, plumes, teinturerie, industrie textile.

Mayenne : 411. — Industrie textile.

Alpes-Maritimes : 360. — Cordonnerie, tabacs, vannerie, vêtement.

Sarthe : 325. — Manches de parapluies, tabacs.

Loiret : 320. — Tabacs.

Lot-et-Garonne : 317. — Cordonnerie, tabacs.

Côte-d'Or : 312. — Limes, tabacs, industrie textile, vêtement.

Hte-Vienne : 300. — Porcelaine, vêtement.

Ardennes : 283. — Métallurgie, industrie textile.

Haut-Rhin : 200. — Industrie textile.

Aube : 177. — Industrie textile.

Marne : 160. — Industrie textile.

Cher : 153. — Porcelaine, vêtement.

Aisne : 131. — Industrie textile, vannerie.

Hautes-Pyrénées : 128. — Industrie textile.

Jura : 127. — Pierres précieuses, pipes.

Ardèche : 121. — Industrie textile.
Oise : 113. — Allumettes, ameublement.
Somme : 108. — Cuivre, industrie textile.
Loir-et-Cher : 100. — Cordonnerie.
Calvados : 100. — Industrie textile.
Orne : 81. — Dentelles, industrie textile.
Eure : 78. — Peignes.
Hte-Saône : 60. — Métallurgie.
Vosges : 53. — Industrie textile
Vendée : 37. — Industrie textile.
Ariège : 35. — Industrie textile.
Doubs : 35. — Papeterie.
Drôme : 21. — Alimentation.
Seine-et-Oise : 20. — Caoutchouc.
Indre-et-Loire : 20. — Tannerie.
Morbihan : 11. — Galoches.
Allier : 9. — Chapellerie.
Yonne : 8. — Cordonnerie.
Aveyron : 7. — Tannerie.
Hte-Loire : 3. — Passementerie.

Dans 54 départements sur 87, il se trouve des ouvrières syndiquées ; leur chiffre varie de 5.294 à 3.

Les grands centres, les départements industriels favorisent l'organisation syndicale. Mais grâce à des circonstances particulières, par exemple l'existence d'une manufacture de tabac, — elle naît aussi dans des régions peu industrielles, tel le Finistère. Avec les tabacs et les allumettes, la cordonnerie, l'industrie textile et la confection sont les principales industries syndiquées.

En dehors de ces industries, il s'est formé dans certaines régions des groupements professionnels de femmes :

Saône-et-Loire, ouvrières de mines, 800. Isère, gantières, 232. Haute-Vienne, porcelainières, 268. Jura, diamantières, 80. Orne, dentellières, 20, etc.

Mais la grande masse féminine ouvrière est restée jusqu'ici réfractaire à l'organisation syndicale.

Elle le restera encore longtemps. Toutes les personnes qui se sont occupées de syndiquer les ouvrières, savent que leur manque d'argent, de temps, d'éducation politique et leurs occupations domestiques rendent particulièrement ardue la tâche de leur organisation (1), ce qui nous paraît un argument en faveur de l'intervention légale.

Nous ajoutons la liste des 17 départements où il existe des syndicats d'ouvrières et de patronnes, dits *syndicats mixtes*.

<pre>
                        Membres
Nord . . . .   887 Alimentation. Polygraphie.
Seine. . . . . .   517 Vêtements.
Mayenne . . . .   539 Vêtements. Blanchisserie.
Hte-Vienne . . .   504 Vêtements. Alimentation. Porcelaine.
Ille-et-Vilaine. .   400 Vêtements.
Manche . . . . .   394 Vêtements. Repassage.
Loire-Inférieure .   272 Vêtements.
Tarn-et-Garonne.   250 Vêtements.
Aude . . . . . .   230 Vêtements.
Hte-Garonne. . .   150 Vêtements.
Rhône . . . . .   121 Ornements d'Eglise. Industrie textile.
Sarthe . . . . .   80 Vêtements.
Orne . . . . . .   61 Vêtements.
Loiret. . . . . .   35 Vêtements.
Maine-et-Loire .   2 Vêtements.
</pre>

Les industries qui se prêtent le mieux au syndicat mixte, sont l'industrie textile et la confection.

Mais sur 28.519 membres de syndicats mixtes, le nombre des femmes n'est que de 4.848.

Elles en constituent ainsi à peine la 6e partie.

Nous avons encore fait la liste des départements, entièrement dépourvus de syndicats de femmes, soit patronaux, soit ouvriers, soit mixtes.

Basses-Alpes.	Creuse.
Hautes-Alpes.	Dordogne.
Cantal.	Eure-et-Loir.
Charente.	Gard.
Charente-Inférieure.	Gers.
Corrèze.	Hérault.
Corse.	Landes.
Côtes-du-Nord.	Lot.

---

(1) Tandis que les ouvriers ignorent ces obstacles ou sont arrivés à en triompher.

Lozère.	Haute-Savoie.
Haute-Marne.	Seine-et-Marne.
Meuse.	Deux-Sèvres
Nièvre.	Tarn.
Basses-Pyrénées.	Var.
Pyrénées-Orientales.	Vaucluse.
Savoie.	Vienne.

Ils sont au nombre de 30, et ce sont, pour la plupart, des départements pauvres ou arriérés.

Ajoutons, pour terminer, la liste des départements, entièrement dépourvus de syndicats de femmes, soit industriels, soit agricoles :

Ce sont :

Basses-Alpes.	Corse.
Hautes-Alpes.	Côtes-du-Nord.
Charente-Inférieure.	Nièvre.
Corrèze.	

Faisons observer, en passant, que les ouvrières, désireuses de se syndiquer, n'ont pas toujours reçu un bon accueil de la part des ouvriers.

Ainsi les typographes français se sont formellement opposés à l'entrée des femmes dans leurs syndicats.

L'histoire de cette lutte entre « typos » et « typotes » est intéressante et instructive. Elle est trop longue pour que nous puissions la raconter ici. Voici sa phase la plus récente : Un referendum, portant sur la question si, oui ou non, la femme compositrice serait admise, à salaire égal, dans les syndicats de typographes, a donné un résultat négatif. Les typographes ont fait valoir « que la compositrice à salaire égal n'existe pour ainsi dire pas et qu'il paraît peu probable qu'on puisse compter dans la suite sur la fermeté de la femme pour revendiquer un salaire égal à celui de l'homme ». Ce raisonnement nous paraît étrange.

Quels rapports y a-t-il entre l'organisation syndicale des ouvrières industrielles et leurs salaires ?

De l'étude comparative que nous avons entreprise à ce sujet, il résulte que les syndicats de femmes, s'ils ont fait profiter leurs membres d'une hausse de salaires — ce que je n'ai pu établir — n'ont certainement jusqu'ici exercé qu'une très mini me influence sur les salaires de la masse féminine ouvrière.

En voici quelques exemples :

Malgré le nombre, en apparence considérable, des syndiquées, l'industrie textile donne des salaires peu élevés, et la confection est même une des « sweated » industries.

Des départements, comptant de nombreuses ouvrières syndiquées (voir notre tableau), paient des salaires de 3ᵉ et de 4ᵉ classe.

Tandis que des départements, où le nombre des ouvrières syndiquées est insignifiant, occupent la tête de la liste pour les salaires.

Il nous paraît que seule la protection légale des ouvrières leur permettra de développer parmi elles l'organisation syndicale, qui à son tour, ne provoquera une hausse sensible des salaires que lorsqu'elle englobera les masses féminines ouvrières.

Le sweating system existe aussi en France et surtout à Paris. La confection lui est particulièrement soumise ; c'est l'isolement de la majorité des ouvrières (629.851 sur 951.080) qui en est la principale cause.

L'Enquête sur les salaires et la durée du travail dans l'industrie française donne à ce sujet les détails suivants : (tome IV)

La profession connaît deux mortes saisons : juin-septembre, janvier-mars. Par contre, en temps de presse, on fait 14 heures par jour, sans repos du dimanche.

Le soir, vivement éclairées dans l'atelier patronal, les ouvrières étouffent, il faut ouvrir les fenêtres, et il en résulte des rhumes et des phtisies.

Dans l'atelier en chambre, l'air, en plus, est vicié par les émanations de la cuisine qu'on y fait.

Les ouvrières de la confection gagnent manifestement moins qu'il ne faut pour vivre.

La Chambre des députés vient d'admettre les femmes à être électeurs et éligibles aux conseils des prud'hommes.

Elles sont électeurs et éligibles aux Conseils de travail. Deux représentantes ouvrières (confection et banque) ont passé en 1901.

Mlle M. Bonnevial fait partie du Conseil supérieur de travail.

5° *Service domestique.*

Population active. . . . .   916.970 personnes
    Femmes. 731.523
    Hommes. 171.528

Dans le service domestique, le nombre des femmes dépasse de beaucoup celui des hommes.

Nous avons relevé dans la statistique officielle, les renseignements suivants, assez énigmatiques.

Sur 731.523 femmes, occupées au service domestique, on compte :

Femmes chefs.   46   Hommes. . . . 64
Employées (c'est-à-dire bonnes,
    servantes, sommelières, etc.).   596.494   ». . . 165.688
Disséminées. . . . .   61.555   ». . . . 2.033

Etant données les conditions générales du travail des femmes, le métier de domestique est, au point de vue économique, un bon métier.

La femme a le vivre et le couvert, elle est nourrie, logée, blanchie, éclairée, chauffée, du moins en principe.

Les salaires en argent ne sont pas, dans les villes au moins, inférieurs à 10 francs par mois, salaire de débutante.

La moyenne est de 30 à 50 francs par mois, en plus de l'entretien complet.

Les femmes de chambre et les cuisinières habiles, stylées, compétentes, demandent et obtiennent des salaires de 60 à 100 francs par mois.

Nous ne comptons pas les « petits profits » qui sont parfois assez gros.

Le revers de la médaille, c'est que, dans la pratique, logement, nourriture, chauffage de la bonne laissent souvent à désirer. Que des patrons peu scrupuleux exploitent l'inexpérience de la jeune bonne à tout faire. Que le travail de la domestique n'est soumis à aucun contrôle légal : il n'y a pour elle ni journée maxima, ni défense du travail de nuit. Qu'enfin, l'étroite dépendance, inhérente à toute domesticité, est souvent pénible.

Plutôt que de se mettre en condition, les filles du peuple entrent aujourd'hui dans les fabriques.

Souvent, elles y gagnent à peine de quoi vivre, les salaires de 50 à 60 francs par mois, qu'elles obtiennent dans l'industrie, devant les défrayer de tout. Tandis qu'au service domestique, elles ont un gain égal absolument net, puisqu'elles sont logées, chauffées, nourries.

Mais en revanche, les ouvrières sont libres, leurs soirées leur appartiennent, et elles ne courent pas plus de danger moral que la bonne, exposée si souvent, dans la maison même du patron, à des abus d'autorité, à la séduction.

Nous tenons à dire ici un mot de la situation économique d'une catégorie de femmes de service, qui n'existe qu'à Paris et qui est tout à fait intéressante, les bonnes de certains grands restaurants à clientèle bourgeoise.

Elles ne reçoivent pas de gages et pour exercer leur dur labeur, elles payent au patron un tant pour cent sur les pourboires qu'elles reçoivent du client. Sur les grands boulevards, elles versent à l'établissement 2 fr. 15 par jour, le reste leur appartient. Il est de 3 francs en moyenne, de 5 francs dans la saison lorsque « l'étranger donne ».

Les bonnes sont nourries (déjeuner et diner).

Mais si nous devons nous en rapporter à nos propres observations (assez prolongées d'ailleurs), leur alimentation n'est guère variée : le ragoût de mouton y apparaît avec une persistance désolante.

Les bonnes ont, en outre, des frais de blanchissage assez élevés pour leurs tabliers, bonnets et manches qui doivent être d'une éclatante blancheur. Elles n'ont pas droit à une retraite.

L'organisation professionnelle et syndicale des domestiques en est encore à ses premiers débuts.

Voici les chiffres que nous avons relevés dans l'Annuaire des syndicats professionnels :

Seine	3.025 femmes
Gironde	283 »
Rhône	60 »
	3.368

Le chiffre des hommes syndiqués est de 2.598 (sur 165.688).

C'est tout juste si les 3 plus grandes villes de France, Paris, Bordeaux, Lyon (Marseille n'a pas de syndicats de ce genre) ont inauguré le groupement professionnel des domestiques du sexe féminin.

3.368 syndiquées sur 596.494 servantes aux gages, c'est, on l'avouera, peu.

Il n'y a que les masses féminines agricoles qui aient fait preuve d'une indifférence encore plus grande à l'égard de l'idée syndicale.

Les chiffres relatifs au personnel, occupé par les diverses professions, réunies sous le nom collectif de « Soins personnels », font naturellement suite à ceux relatifs au service domestique.

6° *Soins personnels*.

Population active	52.094	personnes.
Femmes	6.418	»
Hommes	45.669	»

Cette catégorie comprend les coiffeuses, masseuses, manu et pédicures, les magnétiseuses, etc.

Femmes chefs	2.285	Hommes	11.693
Employées et ouvrières	1.611	»	17.067
Disséminées	2.072	»	14.348

Le recensement professionnel constate, en outre, qu'il y a en France :

Coiffeuses	4.857	Hommes	42.750
Masseuses	171	»	126
Manu et Pédicures	97	»	185

Les femmes syndiquées sont :

Coiffeuses.	6
Masseuses	22
	28 sur 6.418

Aucune enquête n'a encore porté sur les salaires de cette catégorie de femmes. Comme elles exercent, dans un certain sens, des métiers de luxe, nous croyons que leur gain quotidien n'est pas inférieur à 5 francs. Les masseuses gagnent certainement davantage.

7° *Commerce, Banque*.

Population active	1.494.666	personnes.
Femmes	555.981	»
Hommes	936.940	»

Dans le commerce, le nombre des hommes l'emporte encore, mais l'écart est moins considérable et le rôle des femmes va augmentant.

Sur les 555.981 femmes, engagées dans le commerce, il y a

femmes-chefs . . . . 165.574   Hommes   249.480
employées . . . . 157.370   »   417.988
disséminées. . . . . 213.430   »   265.603

Comme dans l'agriculture, le nombre des femmes-chefs dépasse dans le commerce celui des employées et ouvrières ; la profession est donc favorable au développement de l'indépendance féminine.

Les Françaises étant d'excellentes commerçantes, il y en a beaucoup qui sont l'âme de grandes maisons de commerce sans que leur nom paraisse dans la raison sociale.

Ce que peuvent gagner les commerçantes françaises, est évidemment très variable et n'a encore fait l'objet d'aucune enquête.

Le tome IV du *Recensement professionnel de 1896* donne au sujet du nombre des patronnes, engagées dans les divers commerces, des chiffres qu'il serait trop long de reproduire ici.

L'*Annuaire des Syndicats professionnels* nous a permis de constater l'existence de patronnes syndiquées, dans les commerces suivants :

Commerce de vins	
Cafés	
Limonadiers	488
Restaurants	
Hôtellerie	
Herboristerie.	137 (Seine et Rhône) sur 642 herboristes-femmes en France.
Marchandes de journaux. .	59 (Bouches-du-Rhône, Nord Côte-d'Or, Rhône) sur 2.470 marchandes en France.
Fleuristes	55
Gérantes de débits de tabac.	38
Commerce de nouveauté .	4
Éditeurs	3
Libraires.	3
	787

787 syndiquées sur 165.574 patronnes : voilà un bien petit commencement d'organisation syndicale. Les trusts ne paraissent pas exercer une grande attraction sur les commerçantes.

Les commerçantes françaises sont électeurs mais non éligibles aux tribunaux de commerce. Elles paient patente ; mais elles n'exercent point le suffrage municipal et politique.

Le nombre des employées de commerce est de 157.370.

Elles forment 3 catégories :

Les vendeuses (auxquelles, dans les magasins de modes, viennent se joindre les premières et les essayeuses).

Les caissières-comptables.

Les correspondantes sténo-dactylographes.

Les vendeuses forment le gros des employées de commerce.

Généralement nourries par le patron, parfois aussi logées, elles obtiennent, croyons-nous, des salaires de 50 à 100 francs par mois.

Nous n'affirmons pas l'exactitude de ce chiffre. Il n'y a pas d'enquête officielle sur ce sujet, et une enquête personnelle a donné peu de résultats, les personnes,capables de nous renseigner,étant extrêmement réservées sur ce point, ce qui d'ailleurs se comprend.

En général, leur situation économique n'est guère brillante, Ces jeunes filles, qui parfois gagnent seulement ce que gagne une ouvrière,sont obligées à une tenue correcte,élégante même, qui rompt l'équilibre de leur budget. On devine à quel triste moyen elles sont souvent forcées d'avoir recours pour le rétablir.

La situation des vendeuses de grand magasin est peut-être la meilleure. Le Bon Marché de Paris par exemple, fait à ces employées des conditions avantageuses.

Elles reçoivent de l'administration 1 fr. 25 par repas (déjeuner et dîner). Le salaire fixe est peu élevé au début (20 fr.). Mais les employées sont intéressées sur la vente (le pourcentage est un versement proportionnel au débit du rayon) et elles arrivent ainsi à un gain mensuel de 150 à 200 francs et au-delà, en plus de la nourriture.

Elles reçoivent, en outre, à l'âge de 45 ans, une retraite pour laquelle elles ont fait des versements pendant leurs années de service.

Une des vendeuses du Bon Marché, évidemment satisfaite de son sort et plus communicative que les autres, m'a affirmé avec un sourire content : « Une femme gagne très bien sa vie ici ». C'est un jugement qu'on aimerait à entendre répéter par toutes les travailleuses.

Sauf les postes de premières dans les rayons de lingerie et de confection, toutes les positions élevées dans les grands magasins sont réservées aux hommes. Il n'y a pas à Paris (et j'affirmerais presque en France) de femme, chef de rayon. Ce n'est pas le moyen de développer de grandes capacités commerciales parmi les employées.

Aucune loi ne fixe en France la journée maxima du personnel des magasins. Le repos dominical n'y est pas obligatoire. Une certaine agitation se fait depuis quelque temps parmi les patrons et les employés, en faveur de la fermeture à 8 heures du soir des magasins et de l'introduction obligatoire du repos du dimanche.

La loi du 29 décembre 1900 dite « loi des sièges » impose aux patrons l'obligation de mettre des sièges à la disposition de leur personnel féminin. Les féministes, adversaires de toute législation spéciale en matière de travail n'ont pas, que nous sachions, protesté contre cette concession, pourtant à leur point de vue bien humiliante pour les employées de commerce.

Les caissières-comptables ont des salaires mensuels de 80, 100 et 150 francs. Dans les grandes maisons de commerce et dans les postes de confiance, elles vont même au delà de ce dernier chiffre. Leur scrupuleuse exactitude et leur fidélité sont connues. Jamais on n'a entendu parler d'une caissière ayant « mangé la grenouille » ou « levé le pied ».

Les caissières-comptables peuvent se préparer à leur profession en suivant les cours des écoles de commerce (1) et les cours du soir d'adultes, institués dans toutes les villes de France.

Les sténo-dactylographes correspondantes, connaissant plusieurs langues sont, au point de vue purement intellectuel, l'élite de la profession. Leurs salaires commencent à 150 francs par mois et montent à 350 francs. Comme secrétaires particulières, elles arrivent sans doute à se faire des conditions encore meilleures.

Les sténo-dactylographes ont vu leur situation menacée par les élèves de certains cours de sténo-dactylographie, hâtivement préparées, et par les maisons de machines qui, désireuses

---

(1) Il est difficile de se renseigner sur les écoles professionnelles en France. Dans l'*Annuaire de la jeunesse* de Vuibert, nous avons relevé 6 écoles de commerce de filles, fondées par l'Etat (et 12 de garçons).

de répandre leurs marques, fournissaient des dactylographes à prix extrêmement réduits (60 à 80 fr. par mois).

Le danger a été combattu par un groupe de sténo-dactylographes parisiennes, se constituant en Syndicat, à la Bourse du travail.

Les syndiquées doivent avoir suivi, pendant 2 ans, les cours de l'association syndicale, avoir reçu une bonne éducation professionnelle et prouver qu'elles sont des praticiennes expertes. Le syndicat fixe le salaire de début à 125 francs par mois. On gagne dans la suite 150 à 200 francs.

L'association compte environ 150 membres.

Voilà un exemple de défense intelligente de la part de femmes, conscientes de leurs droits. Nous en félicitons Mlle Lévy, présidente du syndicat.

Un syndicat des caissières-comptables a été également créé à Paris.

Parmi les vendeuses, l'idée syndicale n'a pas encore fait son chemin.

Il n'existe rien d'analogue, en France, à la Société des employées de commerce allemandes, qui compte 16.000 membres.

L'Annuaire des Syndicats professionnels indique à ce sujet les chiffres suivants.

Employées de commerce syndiquées :

Seine-Inférieure. .   101
Seine.   90
Isère   46
Côte-d'Or.   38
Gard   13
Nord   11
Aisne   3

302 femmes syndiquées (Hommes 10.108).

Et les vendeuses se comptent par milliers !

Etablir exactement le chiffre des vendeuses, des caissières-comptables, des correspondantes et des sténo-dactylographes dans toute la France, nous a été impossible, un recensement de ce genre restant à faire.

Nous nous trouvons dans à peu près la même impossibilité vis-à-vis des femmes voyageuses de commerce et des placières.

La statistique indique 250 courtières, et l'Annuaire des syndicats professionnels, 3 voyageuses sur 2.395 voyageurs et 10 placières sur 20 placiers syndiqués.

C'est évidemment peu de chose.

L'emploi des femmes, dans les banques et établissements de crédit, est de date récente. Il a été déterminé par l'offre de jeunes filles instruites, bien élevées, se contentant de salaires moindres, en travaillant autant que des hommes.

Nous les trouvons à Paris à la Banque de France, au Crédit Lyonnais, au Comptoir d'Escompte, à la Société Générale, et elles occupent sans doute des situations analogues dans les grandes villes de province.

Le salaire de début, à Paris, est de 3 francs par jour ; il monte jusqu'à 4 fr. 50. Seule, la Banque de France paye des salaires plus élevés ; certaines privilégiées y arrivent à 6 francs par jour, mais après 25 ans de service.

Le travail de ces employées consiste à compter des liasses de coupons au moment des échéances, à faire des travaux d'addition, etc. Les services des titres, de la statistique et du contrôle en emploient également un certain nombre.

La besogne est plutôt fastidieuse, mais elle assure le pain quotidien ; l'employée se sent d'ailleurs un peu fonctionnaire, et la carrière est si recherchée que l'offre y dépasse, et de beaucoup, la demande (d'Haussonville, *Salaires et misères de femmes*).

Une organisation syndicale des employées de Banque ne paraît pas exister.

L'avancement des employées de Banque ne dépasse pas les échelons supérieurs des postes subalternes.

8° *Manutention et transports.*

Manutention.

Population active . . . . 209.951 personnes
Femmes 136.472
Hommes 154.431

Les femmes qu'on a rangées dans cette catégorie, sont des journalières, sans autre profession, employées à la distribution, à l'emballage, à l'expédition des marchandises, au déchargement des bateaux, etc.

Ce sont les non-professionnelles, proprement dites, dont les salaires doivent être de 1 franc à 1 fr. 50 par jour.

Leur nombre est relativement très considérable.

Transports.

Population active		421.660	personnes
Femmes		24.288	
Hommes		397.300	
Femmes-chefs	2.426	Hommes	17.813
Employées et ouvrières. . .	21.087	»	332.953
Disséminées	524	»	29.234

En comparaison des hommes, les femmes ne trouvent qu'un nombre restreint d'emplois dans les transports par voie de fer, par voie d'eau, dans les services d'omnibus et de tramways.

Elles sont employées aux guichets des chemins de fer, pour la distribution des billets, à des travaux d'écritures et de comptabilité, bref, c'est pour elles la vie de bureau avec le salaire typique de l'employée, 3 francs par jour.

Aucun avancement en grade, tous les postes élevés sont occupés par des hommes.

Les garde-barrières qui, je le suppose, sont comprises dans les employées des transports, tout en faisant le même service que l'homme, sont payées moitié moins (30 fr. par mois au lieu de 60) (V. Pelloutier, *La vie ouvrière en France*).

On compte, dans les transports, 1.611 femmes syndiquées.

9° *Professions libérales.*

Population active		339.176	personnes
Femmes		138.400	
Hommes		199.546	

Sur 138.400 femmes, engagées dans les professions libérales, on compte :

Femmes-chefs.	9.775	Hommes	26.255
Employées.	77.816	»	83.296
Disséminées.	41.192	»	80.780

Le personnel féminin de l'enseignement primaire et de l'enseignement secondaire est compté dans la catégorie : Femmes au service de l'État et des communes.

La prêtrise et le pastoral ne sont pas accessibles aux femmes françaises, comme l'est le pastorat, du moins, dans le Nouveau Monde.

La loi du mois de novembre 1899 ouvre aux Françaises la profession d'avocat. Deux femmes se sont jusqu'ici fait inscrire au barreau de Paris : Mme Balachowski-Petit, et Mlle J. Chauvin.

Elles espèrent bientôt grouper d'autres « consœurs » autour d'elles. Mlle Chauvin, qui jusqu'ici est seule à exercer, ne se plaint pas de ses débuts, elle constate avec satisfaction qu'elle a beaucoup de femmes pour clientes.

La carrière de juge est restée fermée à la Française.

La médecine est exercée en France, par des Françaises, depuis 1875, date à laquelle Mme Madeleine Brès, la première Française, prit son grade de docteur en médecine, à la faculté de Paris.

Elle a aujourd'hui 82 consœurs en France, dont 69 à Paris et 13 en Province (à Lyon, Marseille, Bordeaux, Rouen, Reims, Vichy, etc.).

(Voir Haryett Fontanges, *Les femmes, docteurs en médecine*). Le nombre des médecins-hommes en France est de 15.668, dont 5.800 à Paris. La concurrence féminine pour cette profession du moins n'est pas encore aussi dangereuse qu'on veut bien le dire.

Les femmes-médecins ont généralement pour spécialité, les accouchements, les maladies des femmes et des enfants.

Sur l'*Annuaire des médecins*, nous avons encore relevé 18 femmes dentistes et une docteur oculiste, exerçant toutes à Paris, ce qui porte à 101 le total des femmes exerçant la médecine en France (1).

La plupart d'entre elles se consacrent à la pratique de leur art. Rares sont celles dont la situation de fortune leur permet de se consacrer à la recherche scientifique. Nous insistons sur ce fait afin de prévenir certains reproches qui pourraient être faits aux femmes-médecins d'ici quelque temps.

Les découvertes scientifiques ne se font que dans des situations spéciales qui ne sont pas celles de la majorité des femmes-médecins. 101 sujets d'ailleurs est un nombre bien restreint pour produire par exemple un Claude Bernard.

---

(1) *Le Recensement de 1896* compte, pour la France, 122 doctoresses en médecine et 281 femmes dentistes.

Si ces doctoresses sont d'honnêtes et habiles praticiennes, si, grâce à leur expérience personnelle, elles trouvent aux maladies de la femme d'autres remèdes et soulagements que l'opération chirurgicale, si elles réussissent à nous délivrer du corset et de la jupe qui traîne, nous nous tiendrons préalablement pour satisfaites et leur rendrons des actions de grâces.

Les génies féminins viendront, quand le milieu leur sera devenu plus favorable et le nombre sur lequel la sélection peut s'opérer plus grand.

Que peut gagner une femme-médecin ?

M. H. Bérenger, dans son enquête sur le *Prolétariat intellectuel en France*, fixe le gain des docteurs français comme il suit :

Sur 12 à 13.000 médecins,

5 à 6 gagnent	2 à 300.000 francs par an.	
10 à 15 —	100 à 150.000	—
100 —	40 à 60.000	—
300 —	15 à 30.000	—
800 —	8 à 15.000	—
12.000 —	au-dessous de 8.000 francs par an.	

Aucune des doctoresses françaises, sans doute, n'appartient aux trois premières catégories. Mais il y en a certainement, à Paris, qui gagnent 15 à 30.000 francs par an et d'autres 8 à 15.000. Beaucoup d'entre elles sont mariées à des médecins ce qui, à tous les deux, rend la lutte pour la vie plus facile. Aucune doctoresse ne paraît appartenir à ce qu'on appelle le prolétariat intellectuel.

Si les femmes-docteurs ne sont encore ni professeurs de faculté, ni médecins ni directeurs des hôpitaux, elles occupent cependant les postes de médecins aux Écoles de Sèvres et de Fontenay-aux-Roses, aux lycées de Paris et auprès du personnel féminin des Postes et Télégraphes. L'une d'elles est chargée d'un cours aux infirmières, à la Salpêtrière.

Une autre a fondé avec son mari une maison de santé, aux environs de Paris.

Pour le service médical de nuit, les femmes-médecins donnent leur concours. Il est fort regrettable qu'on ne les ait pas encore nommées à St-Lazare.

Sur les 69 femmes-docteurs à Paris, 3 seulement sont syndiquées (sur 3.494 docteurs, faisant partie des syndicats professionnels parisiens).

Nous ajoutons qu'on compte à Paris 1 pharmacienne sur 1.196 pharmaciens syndiqués.

Si nous ne nous trompons, il y a encore 2 pharmaciennes à Montpellier; elles appartiennent à un syndicat professionnel de 6.465 membres. La statistique officielle indique 35 pharmaciennes pour toute la France.

Les femmes-médecins nous pardonneront, si nous prenons la liberté de parler, dans le même chapitre, de leurs plus humbles collègues, qui pourtant ont été leurs devancières dans la carrière médicale, nous voulons dire les sages-femmes.

L'*Annuaire des médecins* en indique 180, exerçant à Paris; la statistique officielle en compte 13.496 en France.

Théâtre.

Le recensement professionnel indique :

Artistes lyriques (femmes) 4.591
      «   dramatiques. 1.491
      «   musiciennes.   949
Danseuses.   436

en outre 1.370 artistes femmes, sans autre indication, ce qui porte à 8.837 le nombre des femmes faisant du théâtre en France.

Les grandes scènes parisiennes occupent :

Artistes-femmes.   190
Hommes . . . .   702 (artistes et administrateurs).

Le nombre des femmes est inférieur à celui des hommes, parce que toute l'administration et toute la machination des théâtres sont réservées aux hommes exclusivement.

En fait de directrices de grands théâtres, il n'y a peut-être, dans toute la France, que Mme Sarah Bernhardt.

Les actrices occupant une grande place dans l'attention publique, on se figure volontiers que, financièrement, leur situation est aussi brillante qu'elle est en vue.

C'est le cas, en effet, des étoiles patentées et cotées. Il n'en est rien pour la majorité des autres artistes.

Un article fort instructif de la *Revue de morale sociale* (juin 1901) nous apprend que les pensionnaires de la Comédie-Française touchent, il est vrai, une moyenne de 8.000 francs par an (moins 2.500 fr. pour la retraite) et les sociétaires 32.000 par an (moins 10.000 pour la retraite).

A l'Odéon, on paye 150 à 230 francs par mois aux petits emplois, 3 à 400 francs aux artistes plus en vue.

Une étoile à l'Odéon a 1.500 francs par mois. Les théâtres de genre, Renaissance, Gymnase, Vaudeville paient 150 à 500 francs par mois pendant 8 mois de l'année. Seules les grandes artistes en obtiennent davantage.

Les théâtres de province ne se distinguent évidemment pas par plus de munificence.

A la question : Une artiste peut-elle vivre de ses seuls appointements, l'auteur de l'article cité répond : « Oui, si elle appartient à la Comédie-Française, parce que même le minimum y est suffisant, et surtout parce que tous les frais de costumes, toilettes modernes, gants, dessous et chaussures, sont à la charge de la maison.

« Non, mille fois non, dans tout autre théâtre. A moins d'un courage exceptionnel et d'une chance inespérée, la comédienne est presque invinciblement, fatalement poussée vers la galanterie. »

Musique.

D'après l'*Annuaire des artistes*, nous avons compté à Paris : Femmes compositeurs, 26 (sur 46 en France et sur un total de 700 compositeurs).

Professeurs de solfège (libres), 147 (sur un total de 350).

Professeurs de solfège des écoles communales et des cours gratuits	64 sur 130
Professeurs de chant	611 sur 1250
» de piano et accompagnateurs.	918 sur 1740
» d'orgue	8 sur 220
» de violon	48 sur 600
» d'alto	2 sur 100
» de violoncelle	5 sur 130
» de harpe	57 sur 100
» de guitare et de mandoline	28 sur 50
Jouant dans les orchestres	4 sur 211
	1948

En province :

Professeurs de musique	2063
	4011

(La statistique officielle en compte 5.942.)

En dehors des théâtres, cafés-concerts, etc., on peut donc

estimer à environ 4.000 le nombre des femmes françaises, compositeurs, exécutantes et professeurs de musique

Les femmes compositeurs vivent-elles du rapport de leurs œuvres ? Nous en doutons fort.

On peut affirmer que le choix de cette profession indique aussi chez elles la possession d'une certaine fortune.

Les femmes, professeurs de solfège, de chant, de piano sont très nombreuses, elles forment environ la moitié des professeurs de musique.

Les professeurs de musique instrumentale, autres que les pianistes, sont moins nombreux. La tradition est moins établie, et nombre d'instruments (tous les instruments à vent, par exemple) sont joués par des hommes exclusivement.

Les femmes, professeurs de chant, de solfège, de piano, gagnent de 1.200 à 20.000 francs par an. 1.200 francs est le minimum atteint par le petit professeur courant le cachet, 20.000 nous paraît le maximum, gagné par les grands professeurs en renom. La moyenne de 4 à 5.000 francs par an n'est pas à dédaigner.

Mais la profession est fatigante, elle use vite.

La profession n'est pas syndiquée.

Peinture et sculpture.

La statistique compte pour la France :

Femmes peintres et graveurs. .	2.188	hommes	6.796
Femmes sculpteurs	87	»	1.426

Sur le catalogue du salon de 1900, nous avons relevé le nombre de 101 exposantes (peinture).

    de 21   »   (gravure).
    de 14   »   (sculpture).

Nous estimons que les gains des femmes s'occupant de beaux-arts, doivent être à peu près les mêmes que ceux des femmes musiciennes et professeurs de musique.

Les professeurs de dessin et de peinture dont nous n'avons pas pu fixer le nombre, gagnent sans doute de 1.200 à 20.000 fr. en passant par la moyenne de 4 à 5.000 francs par an. Les grandes artistes, qui vendent beaucoup, vont évidemment bien au delà de 20.000 francs.

La carrière de dessinatrice industrielle ou d'art décoratif peut devenir très lucrative.

L'organisation syndicale de la profession est représentée par l'Union des femmes peintres et sculpteurs.

Littérature.

D'après l'Annuaire de la Presse nous avons établi qu'il y a en France :

Directrices et propriétaires de journaux. . .	47
Rédactrices en chef et Gérantes	4
Rédactrices	43
	94

Il nous a paru intéressant de faire le relevé détaillé des propriétaires et directrices de journaux.

Feuilles politiques . . .	15	Hygiène.	2
Journaux de Modes . . .	10	Médecine	1
Féminisme	6	Cuisine.	1
Publications de philan-		Archéologie.	1
thropie.	3	Commerce.	1
Revues de famille	3	Jeu	1
Religion	2	Annonces.	1

Les syndicats de la Presse, très nombreux, comprennent fort peu de femmes.

L'Association syndicale de la Presse Parisienne (Directeurs) : 1 femme, la directrice de la Fronde, Mme Durand.

L'Association des journalistes parisiens : 3 femmes.

L'Association syndicale professionnelle des journalistes parlementaires : 1 femme (Mlle Sée, de la Fronde).

Le syndicat de la Presse municipale : 1 femme (Mme Maria Vérone, de la Fronde).

L'Association de la Presse judiciaire : 1 femme (Mme Séverine).

Syndicat des journalistes socialistes : 10 femmes.

Dans les groupements syndicaux des critiques d'art, des critiques dramatiques et des critiques de musiques, nous n'avons relevé que 5 noms de femmes.

M. H. Bérenger, dans son enquête déjà citée, sur le prolétariat intellectuel, évalue de 3 à 5.000 francs le gain annuel d'un journaliste de succès moyen.

Nous adoptons ce chiffre pour les femmes, journalistes de profession.

Celles qui n'écrivent que d'une façon intermittente, plaçant un article par-ci, un article par-là, restent évidemment fort au-dessous de ce chiffre.

Nous n'avons pu puiser à aucune source pour fixer le nombre des femmes de lettres, même approximativement. Une publication, analogue à l'Annuaire des artistes, n'existe pas.

A la Société des gens de lettres, on a bien voulu nous communiquer la liste des membres de l'association. Nous y avons relevé 86 sociétaires femmes et 103 adhérentes, au total 189 écrivains femmes.

Le recensement professionnel de 1896 compte 295 femmes publicistes, pour la France (contre 4.179 hommes), mais il en faut déduire les femmes journalistes.

Les « princesses de l'art », celles qui ont conquis renom et popularité, atteignent un revenu annuel assez coquet, 20.000 fr. au bas mot. Les autres ont 12.000, 10,000 francs et nous ne croyons pas faire erreur en fixant la moyenne à 4 ou 5.000 fr. comme pour les femmes journalistes.

L'organisation syndicale est représentée par la Société des gens de lettres et la Société des auteurs dramatiques.

10° *Les religieuses.*

D'après les renseignements qu'on a bien voulu nous communiquer au ministère des cultes, la France comptait au moment de la promulgation de la loi sur les associations :

Religieuses d'ordres autorisés : 58.836 (hommes 10.000).

Religieuses d'ordres non autorisés : 60.000 (hommes 25.000).

Il y avait donc, en France, une population d'environ 120.000 religieuses.

Les congrégations autorisées possèdent 3.247 établissements :

Ordres contemplatifs	15
Maisons de filles repenties.	33
Etablissements donnant des soins aux malades . . .	49
Etablissements hospitaliers	300
Etablissements d'instruction.	587
Etablissements hospitaliers et d'enseignement à la fois	2.261

Cette dernière catégorie est la plus nombreuse. Aussi y avait-il en France jusqu'ici 43.814 institutrices congréganistes, directrices et professeurs d'écoles maternelles, d'écoles primaires et d'enseignement secondaire.

On sait qu'en général, les femmes qui entrent en religion, versent à la communauté qui les reçoit, une dot, plus ou moins considérable.

Cette condition d'admission remplie, la religieuse n'a plus à s'inquiéter ni de son logis ni de son entretien. Mais beaucoup d'entre elles fournissent, en outre, une forte somme de travail.

Les couvents qui hospitalisent des orphelines ou d'autres jeunes filles qu'on leur confie, faisant exécuter par elles divers travaux à l'aiguille, font une très forte concurrence aux ouvrières libres de l'aiguille.

Car, nourries, logées en commun, et peu ou point payées, ces jeunes filles permettent aux religieuses de soumissionner à des prix minimes.

Les ouvrières libres s'en plaignent beaucoup, ainsi que de la concurrence des prisons.

11° *Service de l'Etat et des Communes.*

Population active 689.093
   Femmes. 90.330
   Hommes 541.992

La majorité des femmes qui se trouvent au service de l'Etat et des Communes, est constituée par le personnel des postes, télégraphes et téléphones, les institutrices d'enseignement primaire, les femmes, professeurs de lycées, les directrices d'écoles, les inspectrices de l'enseignement, les inspectrices du travail, les femmes employées par l'assistance publique des villes et de l'Etat.

Postes et télégraphes.

D'après le recensement de 1896, il y a en France 14.825 employées des postes (hommes 58.169).

Ces employées sont des receveuses ou des employées (téléphonistes, télégraphistes, buralistes).

Il n'y a guère de receveuses qu'en dehors des grands centres urbains, dans ce qu'on nomme les « recettes simples ».

Elles ont une responsabilité financière et versent un cautionnement. Leur traitement est le même que celui des hommes, dans les postes identiques. Il commence à 1.000 francs et monte jusqu'à 2.000 francs par an. La receveuse est logée. Les employées (téléphonistes, buralistes) débutent toutes à 1.000 fr. et vont jusqu'à 2.000.

L'indemnité de logement varie selon les localités, elle est de 200 fr. à Paris. Les commis (expéditionnaires, rédacteurs) ont 1.500 à 4.500 fr. par an.

Les employées des postes et services annexes n'ont pas d'avancement proprement dit. Elles reçoivent des augmentations de traitement, mais les occupations qu'on leur confie, restent sensiblement les mêmes, les employées ne montent guère en grade, comme cela a lieu pour les hommes, dans le même service. A l'âge de 60 ans, elles ont droit à une retraite représentant au maximum les 2/3 du dernier traitement annuel.

En somme, dans cette carrière, c'est la vie assurée, mais une vie assez terne, sans grand avenir. Un tiers des employées des postes est marié.

Enseignement primaire.

Nous n'avons à nous occuper ici que de l'enseignement laïque.

On compte en France (et en Algérie),
Institutrices laïques. . . . . 50.538   hommes   57.631
Dont directrices d'écoles primaire. . . . . 26.109   »   37.617
A la suite d'un certain engouement, la profession est aujourd'hui excessivement encombrée. A moins de disposer de protections puissantes, les candidates, munies du brevet élémentaire, doivent, en moyenne, attendre 5 ans, à Paris du moins, pour être pourvues d'un emploi.

Les traitements sont les suivants :

Province : stagiaires 900 francs.

Titulaires : traitement d'Etat fixe 1.000 à 1.600 francs par an (hommes 1.000 à 2.000).

Indemnité de résidence seulement dans les communes au-dessus de 1.000 habitants.

Cette indemnité varie de 75 à 400 francs.

Les institutrices dans les communes au-dessous de 1.000 habitants sont logées à l'école.

Paris. Stagiaires. 1.400 fr. + 600 fr. d'indemnité de logement
Titulaires . . . . . 1.500 » à 2.400 » + la même indemnité.

Directrices

Paris. . . . 3 à 4.000 fr. + 800 fr. d'indemnité de logement.

Les traitements des hommes sont les mêmes, dans les 3 premières classes, à partir de là ils sont supérieurs en moyenne de 3 à 400 francs par an.

La raison de cette inégalité nous échappe.

Jugeant une statistique de ce genre intéressante, nous aurions voulu établir le chiffre des femmes mariées et des femmes célibataires dans l'enseignement primaire. Le recensement n'a pas été fait à ce point de vue et les données pour entreprendre ce travail nous ont fait défaut.

L'Enseignement primaire supérieur occupe encore 885 femmes (hommes 1609), 300 sont mariées, 585 sont célibataires.

On compte dans le nombre :

Inspectrices.	3	Hommes	418
Directrices d'écoles normales d'institutrices.	85	»	88
Professeurs d'écoles normales . .	452	»	115
Directrices d'écoles primaires supérieures (Filles)	84	»	197
Professeurs des mêmes écoles . .	243	»	442
Economes des mêmes écoles . . .	18	»	—

Le sexe fort s'est fait la part belle dans cette partie de l'enseignement, et les autorités montrent dans ce domaine une sollicitude bien plus grande pour les garçons que pour les filles.

Enseignement professionnel.

Les écoles professionnelles relèvent des municipalités et nous n'avons trouvé, pour nous renseigner sur cette question, aucun ouvrage d'ensemble.

L'*Annuaire de la jeunesse* de Vuibert donne le nombre des écoles, mais non le chiffre du personnel qu'elles occupent.

D'après cet annuaire, il existe en France 12 écoles professionnelles publiques pour les filles (6 à Paris, 1 à St-Chamond, 1 à Melun, 1 à Reims, 1 à Lyon, 1 à Nancy, 1 à Bléneau).

On compte, en outre, 6 écoles de commerce publiques pour les filles (à Boulogne-sur-Mer, au Havre, à Marseille, à Nantes, à Rouen, à St-Etienne).

Dans 11 villes de France, il existe des cours professionnels publics pour jeunes filles.

Très probablement, une partie de ces écoles est déjà comprise dans les établissements d'enseignement primaire supérieur.

L'enseignement professionnel des garçons est beaucoup plus développé que celui des filles.

Enseignement secondaire.

Le personnel féminin total est de 1.172 personnes (hommes 7.826).

On compte :

Directrices de lycées et de collèges 71
Professeurs titulaires agrégées. 211
Maîtresses chargées de cours (licence, certificat d'aptitude). 245
Institutrices primaires (baccalauréat, brevet supérieur) . 256
Maîtresses d'enseignement technique. 117
Répétitrices 171
Surveillantes   59
Économes   42

Nous avons pu établir le chiffre des femmes mariées (271) et des célibataires (901).

L'Etat paye les traitements suivants :

Directrices : Collèges, 2.400 à 4.000 fr. (hommes, 3.500 à 5.500 fr.).

—   Lycées province, 4 à 6.500 fr. (h. 6 à 7.500 fr.).

—   — Paris, 4.500 à 7.000 fr. (h. 8 à 9.000 fr.).

Professeurs titulaires : Lycées province, 3 à 4.200 fr. (h. 3.200 à 5.700 fr.).

—   Lycées Paris, 3.500 à 4.700 fr. (h. 5.000 à 8.500).

Chargées de cours : Collèges, 1.600 à 2.700 fr.

—   Lycées province, 2.500 (h. 2.800 à 4.800 fr.).

—   — Paris, 3 à 3.900 fr.

Institutrices primaires : Collèges, 1.600 à 2.400 fr.

—   Lycées province, 1.800 à 2.700 fr. (h. 1 à 2.000 fr.).

—   Paris, 2.200 à 3.200 fr.).

Institutrices primaires des lycées de garçons :

—   Paris, 1.000 à 1.600 fr.

Maîtresses d'enseignement technique :

Collèges, 1.000 à 2.400 fr.

Lycées province, 1.200 à 2.400 fr. (h. 1.600 à 2.600 fr.).

Paris, 1.600 à 3.000 fr. (h. 2.000 à 4.000 fr.).

Répétitrices : Collèges, 1.400 à 2.200 (et logement).
    —   Lycées province, 1.500 à 2.400 fr.
    —   Paris, 2.000 à 2.900 (h. 800 à 2.700).
Économes : Lycées province, 2.400 à 3.000 fr.
    —   —   Paris, 2.900 à 4.100 fr. (h. 4 à 8.000 fr.).

Tous les membres de l'enseignement primaire et secondaire ont droit, à l'âge de 60 ans, à une retraite, ne dépassant pas les 2/3 du dernier traitement.

L'organisation syndicale est interdite au personnel enseignant en France.

La statistique indique encore pour toute la France :

     Institutrices dans les familles 2.591
     Professeurs (sans autre indication) . . . 1.255
     Professeurs de langues 1.213

Les institutrices dans les familles sont les mieux payées, mais la dépendance, inhérente à leur situation, contrebalance cet avantage.

Les professeurs qui courent le cachet, gagnent environ 1.200 à 3.000 francs par an.

La direction d'un cours ou d'un internat peut devenir une source de gain très lucratif. Mais la concurrence est grande.

L'enseignement supérieur.

Les Françaises n'ont pas jusqu'ici forcé les portes des Universités, comme chargées de cours et maîtres de conférences. Aucun obstacle légal cependant ne se dresse devant elles.

Mais les professeurs d'enseignement secondaire sont généralement absorbées par leurs classes, et le nombre des femmes qui pourraient prétendre à une situation universitaire (211 agrégées) est très restreint.

D'autre part, les femmes qui disposeraient des capacités, des loisirs et des ressources nécessaires pour débuter dans cette nouvelle carrière, ne reçoivent pas, d'habitude en France, la forte éducation universitaire.

Les autorités établies, d'ailleurs, ne se soucient pas de voir les femmes s'introduire dans les chaires des Universités. L'accueil qu'a reçu la demande de Mlle Bonsignorio, désireuse d'ouvrir un cours gratuit d'ophtalmologie à la Faculté de Médecine de Paris, n'a pas été encourageant.

Les traitements des professeurs d'Université en France vont de 3 à 15.000 francs par an.

Les femmes sont électeurs et éligibles aux conseils départementaux d'enseignement et au conseil supérieur de l'Instruction publique.

Nous ne pouvons abandonner le chapitre des carrières libérales sans dire un mot sur la question de la compatibilité, chez la femme, du travail professionnel et de la maternité.

Nous résumons les conclusions d'une étude récente sur ce sujet : *Maternité et travail intellectuel*, par Adèle Gerhardt et Hélène Simon.

Les femmes mariées qui, par leur travail, doivent faire vivre les leurs au jour le jour, sont des héros, mais en fournissant ce labeur surhumain, elles ne peuvent que s'user de bonne heure, et il arrive toujours un moment où la mère le doit céder à la professionnelle, la professionnelle à la mère.

D'une façon générale, l'aisance, un mari sympathique, des enfants déjà grandissants, une bonne santé et une occupation sédentaire sont autant de circonstances favorables à la réunion des deux professions, de mère et de travailleuse intellectuelle.

Mais le facteur principal, celui qui en dernier ressort, décide de la compatibilité ou de l'incompatibilité des deux professions, est l'individualité de la femme.

On en a vu, dans des circonstances extérieures favorables, souffrir mort et martyre en mettant au monde et en élevant un seul enfant, s'anéantir dans cette tâche, renoncer à l'art, aux lettres, ou les cultiver seulement d'une façon intermittente, à la hâte, à la dérobée.

Tandis que d'autres, dans des situations extérieures bien plus pénibles, ont créé à la fois de beaux enfants et de belles œuvres.

Hôpitaux.

La profession d'infirmières laïques qui de toutes les professions demande peut-être le plus d'abnégation, et dont le personnel devrait se recruter parmi une élite solidement préparée, est souvent en France, une carrière de rebut. Les postes subalternes surtout sont bien souvent le refuge de celles qui n'ont ni métier ni travail.

Il a été constaté que les domestiques sans place, les ouvrières momentanément sans occupation, que des filles de la campagne, ignorantes et mal dégrossies, constituent la majorité des gardes-malades dans les établissements publics, et font leur apprentissage aux dépens des malades.

Le personnel des gradées, les infirmières qui sortent des 4 écoles municipales de Paris, les suppléantes, les sous-surveillantes et les surveillantes offrent, sans doute, plus de garanties. Mais leur nombre est aussi plus restreint.

Le personnel gradé et le personnel non gradé sont d'ordinaire logés, nourris, chauffés, blanchis.

En ce cas, les traitements sont les suivants :

Stagiaires	360 fr. par an
Infirmières.	408-444 —
Premières	468 —
Suppléantes	552 —
Sous-surveillantes	6-700 —
Surveillantes.	8-900 —

Les traitements des hommes sont les mêmes.

Lorsque les employées ne sont ni logées ni nourries par l'Assistance publique, elles reçoivent, en outre, les indemnités suivantes :

Stagiaires	940 fr. par an
Infirmières.	970 —
Premières	1040 —
Suppléantes	1100 —
Sous-serveillantes	1300 —
Surveillantes	1400 —

Les hommes de même.

Le logement et la nourriture des infirmières ordinaires sont généralement mauvais et insuffisants (voir les articles de Mme Andrée Téry dans le *Journal* en juin 1901).

Elles travaillent jusqu'à 15 heures par jour et n'obtiennent que peu de congés.

Leur service laisse souvent à désirer et leur moralité, dans bien des cas, aussi.

L'Assistance publique occupe un personnel secondaire (infirmières et infirmiers) de 20.139 femmes (hommes 16.281).

Des syndicats professionnels d'infirmiers et d'infirmières ne paraissent exister qu'à Paris. L'Annuaire n'indique pas le nombre des adhérents.

La retraite pour les employés des 2 sexes est de 230 à 750 fr. On y a droit après 15 ans de services.

Jusqu'à ces dernières années, la garde-malade laïque, cultivée et scientifiquement préparée, l'équivalent, pour ainsi dire, de la nurse anglaise, faisait défaut en France.

Grâce à l'initiative privée, un pas vient d'être fait dans cette direction, par l'École d'Assistance aux Malades, fondée par Mme Alphen Salvador, 10, rue Amyot, à Paris.

La garde-malade de cette institution va à domicile et reçoit de l'établissement 100 francs par mois. Elle est, en outre, logée, nourrie, et a droit à des congés réguliers.

L'assistance publique occupe encore 3.561 femmes comme dames visiteuses, dames déléguées, inspectrices du service de l'enfance. Elles sont chargées des visites aux pauvres et du contrôle des enfants assistés.

Leurs traitements sont de 2.600 à 4.380 francs par an.

Le ministère du commerce emploie 17 inspectrices du tra. vail, recevant un traitement de 3 à 5.000 francs par an, plus les frais de tournées.

Elles ont les mêmes compétences que les inspecteurs du travail, mais ne passent pas inspecteurs divisionnaires.

Les tentatives faites par un certain nombre de femmes, bachelières et licenciées, afin de prendre part, dans les divers ministères, aux concours d'admission à l'emploi d'expédition-naires ou de rédacteurs, ont échoué jusqu'ici.

Les candidates en effet, ont été écartées, *parce qu'elles n'avaient pas fait leur service militaire.*

12° *Spectacles et agences.*

Population active : 57.015
    Femmes 12.645
    Hommes 44.960

Cette rubrique comprend les entrepreneurs d'amusements publics (bals, concerts), les marchands forains, le personnel des bureaux de placement.

Il nous a été impossible de fixer, même approximativement, le chiffre de leur gain annuel.

Il nous reste encore un mot à dire de la morte saison qui atteint presque toutes les professions, sauf les industries de l'alimentation.

Le *Recensement professionnel* nous apprend que, le 29 mars 1896, il y avait en France environ 270.000 chômeurs, dont environ 1/3 de femmes et 2/3 d'hommes.

Le chômage frappe surtout la population industrielle, les départements agricoles y sont beaucoup moins exposés. Ainsi le département de la Seine comptait, sur 10.000 habitants, 222 chômeurs, le département des Côtes-du-Nord, 5 seulement.

Nous indiquons, pour terminer, la proportion pour 100 des chômeurs (t. IV, *Recensement professionnel*).

	Femmes	Hommes
Vêtement.	7.81	5.55
Métaux fins	6.37	5.92
Paille. Plumes. Crins	4.06	2.10
Polygraphie. Livre	3.52	4.87
Pierres précieuses.	3.36	2.56
Cuirs et peaux.	3.21	5.08
Commerce	3.	5.03
Papier. Carton. Caoutchouc . . .	2.57	1.63
Industrie textile.	2.33	2.44
Bois	1.86	5.48
Fer, acier.	1.56	4.40
Pierres et terres à feu	1.27	1.36
Spectacles et agences	1.19	2.02
Terrassements. Construction . . .	1.10	7.52
Agriculture	1.03	1.21
Industries chimiques.	0.87	0.48
Polissage et taille des pierres. . .	0.81	13.25
Alimentation	0.59	3.66
Pêche.	0.46	2.81
Mines.	0.32	0.87
Forêts	0.26	2.12
Métallurgie	0.12	0.18
Carrières	0.10	1.02
Transports	0.10	2.37

Pour les institutrices, la morte saison est une des plus dures épreuves de leur vie professionnelle.

La moyenne du chômage est de trois mois par an.

Nous avons vu que la plupart des travailleuses en France n'ont pas droit à une retraite.

Elles ne sont pas, non plus, capables d'économiser en vue des chômages, des maladies et de la vieillesse.

Que deviendront-elles, lorsque les forces les abandonnent?

C'est une question que bien des sociologues et philanthropes se sont posée sans arriver à la résoudre. Les asiles, les hôpitaux, les familles — lorsque famille il y a — en recueillent quelques-unes. Mais il y en a d'autres que la faim et le froid éliminent silencieusement chaque hiver.

Pensée horrible, sort plus horrible encore. Il faudra trouver une autre solution au douloureux problème de la vieillesse des travailleuses, de quelque profession qu'elles proviennent. Et quoi qu'on dise, c'est dans la direction d'une loi sur les retraites ouvrières (1), mais dans le sens le plus large du mot, qu'il faudra la chercher.

CONCLUSIONS

D'une façon générale, on peut dire qu'il n'y a pas, en France, de travail matériel ou intellectuel où la femme n'ait une part.

Nous trouvons des femmes, ne fût-ce que comme auxiliaires, jusque dans les industries les plus pénibles (mines, carrières, métallurgie, terrassements, constructions).

Le plus grand nombre des Françaises (plus de 7 millions) exercent la profession de ménagères.

C'est ensuite l'agriculture, l'industrie, le service domestique et le commerce qui occupent le plus de femmes.

Excepté dans le service domestique, le nombre des hommes est, dans toutes les professions, supérieur à celui des femmes.

La femme, propriétaire, patronne, employée, ouvrière, n'a jusqu'ici pris qu'une faible part au mouvement syndical.

La grande masse des femmes de la population active travaillent encore en isolées.

L'enseignement professionnel des femmes françaises est toujours moins développé que celui des hommes.

Leur représentation professionnelle est défectueuse.

Dans la plupart des professions qui admettent l'avancement, celui des femmes se borne à une augmentation de traitement, sans comporter une élévation de grade, un surcroît de responsabilité.

D'emblée, les postes supérieurs sont réservés aux hommes ce qui n'est pas le moyen de développer l'initiative des femmes, ni de les habituer à supporter le poids de responsabilités ! On leur enlève d'ailleurs un des plus puissants stimulants de la vie professionnelle : l'ambition.

______

(1) Un groupe de féministes en a réclamé l'application aussi aux ménagères.

Leurs salaires sont presque toujours (1) inférieurs d'un tiers, de moitié, ou des 2/3, à ceux des hommes.

L'écart est plus notable dans l'industrie que dans l'agriculture, l'industrie admettant une spécialisation plus grande de l'ouvrier.

Cet écart ne s'explique ni par la différence, d'ailleurs si contestable, des besoins de l'homme et de ceux de la femme, ni par un rendement inférieur du travail féminin.

Même lorsqu'elle travaille autant et aussi bien que l'homme, la femme est toujours moins payée.

Sa situation au point de vue civil et politique, le peu d'usage qu'elle a fait jusqu'ici de l'organisation syndicale, la grande concurrence entre femmes expliquent en partie cette infériorité de salaire.

Mais la raison principale nous paraît être celle-ci :

Partant du fait que, pendant longtemps, la femme a trouvé, en totalité ou en partie, sa subsistance au foyer domestique, *on a fixé son salaire de travailleuse professionnelle au taux d'un salaire d'appoint.*

Toujours pourtant en échange de ce salaire d'appoint, il lui a été demandé de fournir une journée entière de travail professionnel (la loi sur le travail des ouvrières industrielles ne date que de 1892 et laisse en dehors de sa protection la majorité des travailleuses).

Ainsi, la femme mariée ou non mariée, qui a un état, est, le plus souvent, obligée de satisfaire aux exigences de deux professions, celle de ménagère et celle de travailleuse professionnelle.

Fatalement alors, elle se surmène ; mais mariée, elle arrive du moins à vivre. La femme célibataire, celle qui, réduite à ses propres ressources, exécute pour son propre compte les travaux ménagers indispensables, se surmène comme l'autre, mais sans arriver à vivre. Elle végète. Il est difficile qu'elle échappe au surmenage, à la misère ou à une destinée pire encore.

Et l'on continue à qualifier celles qui luttent contre tant d'obstacles de « sexe faible ».

---

(1) Excepté dans les hôpitaux, dans les recettes simples et dans les 3 premières classes de l'enseignement primaire.

BIBLIOTHÈQUE DU MUSÉE SOCIAL

Le Trade-Unionisme en Angleterre, par M. Paul de Rousiers, avec la collaboration de MM. de Carbonnel, Festy, Fleury et Wilhelm. Paris, Colin, 1896, 1 vol. in-12 . . . . . 4 fr.

Étude sur les populations rurales de l'Allemagne, par M. G. Blondel, en collaboration avec MM. Ch. Brouilhet, E. Juliet et L. de Sainte-Croix, Paris, Larose, 1897, 1 vol. in-8. . . . . 12 fr.

L'essor économique de l'empire allemand. Conférence faite au Musée social (décembre 1897), par M. G. Blondel, 1 broch. in-16. . . . . 1 fr.

Le monde socialiste. Groupes et programmes, par M. Léon de Seilhac. Paris, Armand Colin, 1 vol. in-12 . . . . 1 fr.

La grève de Carmaux et la verrerie d'Albi, par M. Léon de Seilhac. Librairie académique Perrin, 1898, 1 vol. in-12. . . . . 3 fr.

La prévoyance sociale en Italie, par MM. Léopold Mabilleau, Charles Rayneri et le comte de Rocquigny, Paris, Armand Colin, 1898, 1 vol. in-12. . . . . 4 fr.

État général des syndicats agricoles, classés par département, publié par le Musée social. Paris, 1898, 1 vol. in-8 . . . . 1 fr. 50

L'association de l'ouvrier au profit du patron et la participation aux bénéfices, par M. Paul Bureau. Paris, Arthur Rousseau, 1898, 1 vol. gr. in-8. . . . . 6 fr.

Le métayage et la participation aux bénéfices, par M. Roger Merlin. Paris, Rousseau, 1 vol. gr. in-8 . . . . 6 fr.

La participation aux bénéfices (Étude théorique et pratique), par M. Maurice Vanlaer. Paris, Rousseau, 1898, 1 vol. gr. in-8 . . . . 6 fr.

La participation aux bénéfices (Contribution à l'étude des modes de rémunération du travail), par M. Émile Waxweiler. Paris, Arthur Rousseau, 1898, 1 vol. in-8. . . . . . . 6 fr.

L'essor industriel et commercial du peuple allemand, par M. G. Blondel. Paris, Larose, 1898, 1 vol. in-12, 2º édit., 1899 . . . . 3 fr.

Les transformations sociales de l'Allemagne contemporaine (Conférence faite au Musée social le 15 mars 1898), par M. Blondel. Paris, Imprimerie nouvelle, 1898, 1 broch. in-16. 1 fr.

Les industries monopolisées (trusts) aux États-Unis, par M. Paul de Rousiers. Paris, Colin, 1898, 1 vol. in-18. . . . . 1 fr.

Les sociétés coopératives. Conférences faites au Musée social les 1ᵉʳ février et 29 mars 1898, par M. Maurice Dufourmantelle. Paris, Rousseau, 1898, 1 broch. in-12 . . . . 1 fr.

L'assurance du bétail, par M. le comte de Rocquigny. Rousseau, 1898, 1 broch. in-12. . . . . 3 fr.

Les congrès ouvriers en France, 1876-1877, par M. Léon de Seilhac. Paris, Armand Colin, in-18. . . . . 1 fr.

L'ouvrier allemand. Conférence faite au Musée social par M. G. Blondel. Paris, Rousseau, 1899, 1 broch. in-12. . . . . 1 fr.

Marins pêcheurs. Pêcheurs-côtiers et pêcheurs de morue à Terre-Neuve et Islande, par M. Léon de Seilhac. Paris, Rousseau, 1899, 1 vol. in-12 . . . . 2 fr.

Les associations ouvrières et patronales, par M. Roger Merlin. Paris, Rousseau, 1899, 1 vol. in-8. . . . . 3 fr.

Manuel pratique de crédit agricole, par MM. G. Maurin et Ch. Brouilhet. Paris, Rousseau, 1900, 1 vol. in-12 . . . . 3 fr.

De la création en Suisse d'une banque centrale d'émission, par M. André E. Sayous. Paris, Rousseau, 1900, 1 broch. in-12. . . . . 1 fr.

La concentration des forces ouvrières aux États-Unis, par M. Vigouroux. Paris, Armand Colin, 1 vol. in-12 . . . . 4 fr.

L'organisation et les services du Musée social. Paris, Rousseau, 1900, 1 broch. in-12. . . . . 0 fr. 50

Les syndicats agricoles et leur œuvre, par M. le comte de Rocquigny. Paris, Armand Colin, 1 vol. in-12. . . . . 4 fr.

La verrerie ouvrière d'Albi, par M. Léon de Seilhac. Paris, Rousseau, 1901, 1 vol. in-12 . . . . 2 fr.

Les retraites ouvrières en Belgique, par M. Gaston Salaun. Paris, Rousseau, 1901, 1 vol. in-12. . . . . 2 fr.

www.ingramcontent.com/pod-product-compliance
Ingram Content Group UK Ltd.
Pitfield, Milton Keynes, MK11 3LW, UK
UKHW020041100726
13658UKWH00003B/1472